どっちがおっかない!?
中国とアメリカ

田母神俊雄
青木直人

GENTOSHA

まえがき

私の主張は、しばしば「反米」とか「反中」とか言われる。

しかし私は、「反米」でも「反中」でもなく、「親日」であるだけだ。

日本とアメリカは同盟国であっても、お互いの国益が100％一致するはずはない。

わが国の国益を守るためには、アメリカに対して必要な主張はしなければならない。しかし、アメリカに守ってもらわなければならない現状からは強い主張はできない。だからこそ、**自分の国を自分で守れるように真の独立国を目指さなければならない**のである。

自立できない国が、世界の尊敬を受けることなどあろうはずがない。わが国には「中国派」の政治家が多数いて、これらの人たちは日米対等であるべきだとよく言うが、現状では小学生が大人に向かって「対等だ」と言っているのに等しい。

一方で、わが国の保守派と言われる人たちの大半は、「アメリカ派」である。アメリカの言うとおりがいいと考える対米従属派である。保守派の中でわが国が武装すべきでないと言っている人たちは、アメリカが反対するからという理由が第一なのである。

日本には「日本派」の政治家は極めて少ない。

戦後、冷戦構造の中で、アメリカはソ連を封じ込めるために地政学的に日本を必要としていた。アメリカ陣営の中で、**日本は軍事費に大きな支出をすることもなく、目覚ましい経済成長を続けた**が、国を守ることをすっかり忘れてしまった。

その弊害が、今わが国を苦しめている。

政治主導と言いながら、わが国の政治は政権闘争に明け暮れているだけである。自民党を見限って昨年の衆議院の選挙で国民は民主党に政権を与えてみたが、今では民主党は自民党よりさらにひどいということがわかり、国民の民主党への期待は消えてしまった。案の定菅新代表は、7月11日の参院選で惨敗した。

しかし、日本の政治の混迷がどんなに続いていようと、アメリカは毎年、「年次改革要望書」を日本へ突きつけてくる。事実、日本がジワジワとアメリカの要求どおりに法律化してきたものは多い。軍事的にアメリカに守ってもらっているという負い目が、100点満点の回答を出そうと努力させてきたのだ。

結果として、経済、金融、雇用などの社会的なシステム、ひいてはわが国の伝統文化に至るまでが破壊された。官僚を叩くことも、日本の政治がよくなることのように言われているが、戦後日本の復興を支えてきたのは官僚制度であることを忘れてはならない。官僚制度を弱体化すれば、日本が弱体化するだけだ。日本の官僚叩きは、アメリカや中国などにとっては大歓迎であろう。

外国人参政権法案は、菅総理も推進すると明言している。しかし今日本には、中国人、韓国人、朝鮮人だけでも120万人を超す人々が住んでいる。あっという間に、中国人に日本のある街を占拠される事態が発生しても不思議はないと想像できる。

日本はバブル崩壊時の20年前、よもや中国にGDPで追い抜かれる日が来るとは予想していなかった。日本の防衛費縮小とは反対に、**中国は20年以上連続で2桁以上の軍事拡張を続けている**のである。

20年前は歯牙にもかけていなかった中国海軍、空軍に、日本が圧倒される不安定事態が現実に生じている。わが国の領海、離島の周辺の示威行動は、軍事的に自信をつけた中国が、わが国政府の国を守る意志がどの程度のものなのかを試しているのである。

日本は米中に挟まれ、当然その脅威から自国を守るために自立しなければならないのだが、残念なことに、いまだ政治家も国民も足並みがそろわない。まずは**政治が国民を自立させるべき**であろう。

そんな数々の問題を正しく理解するために、今回チャイナウォッチャーとして日本で右に出る人はいない青木直人氏と対談する機会を得た。その豊富な情報と鋭利な分析により、日本の立たされている現状を、隣国を知ることでまず認識していきたいと願ったのだ。本書は青木氏との対話を基に構成されている。

新聞やテレビ、雑誌などのマスコミは、それぞれの思惑やしがらみで本当のことを報じていない。しかしその姿勢、活動において、真のジャーナリストとしてファンの多い青木氏から発せられる情報は、リアリズムに徹して日本の再生を現実のものとするヒントを数多く有している。得るものの大きい対談となったことを、青木氏に感謝したい。

2010年9月

田母神《たもがみ》俊雄《としお》

1章 米中挾撃の餌食になる日本

2章 北朝鮮を奴隷化する中国

3章 日本人の「中国音痴」が命取り

4章 「親中民主」は売るに事欠き国を売る

5章 軍事自立なくして経済自立はない

装幀　株式会社ZUGA　土岐浩一
DTP　美創
協力　アイ・ティ・コム

1章

米中挟撃の餌食になる日本

- アメリカと中国の急接近でワリを食う国々
- 「日米安保条約」は自動参戦ではない
- アメリカには日本が報復するという潜在的恐怖心理がある
- 「守り」にお金をかけて攻撃力を削がれる日本
- アメリカの「年次改革要望書」どおりに動く日本
- 戦後日本の受難「言論弾圧」と「歴史の抹殺」
- 江沢民とクリントンに始まる米中接近ショー
- 中国における反日運動をアメリカは黙認した
- アメリカは新疆ウイグルの独立運動を支持できなくなる?
- 「普天間問題」アメリカの本音
- 日本に経済力がなくなったときが、アメリカに見放されるとき

アメリカと中国の急接近でワリを食う国々

青木

田母神さんのご本は以前から読ませていただいていますが、やはり現職の自衛隊のトップにおられた方が、中国の脅威について正面から持ち出されてきて、国民に呼びかけたというのは、おそらく前代未聞のことだったと思います。

そこで、まず朝鮮半島のことからお話ししたいのですが、これまで**北朝鮮有事の場合、アメリカ軍と韓国軍が38度線を越えて北朝鮮に入っていくだろう**と言われていました。自由陣営が、北朝鮮を解放するというシナリオです。

しかし、私は、もう現実的にはそういうことはないだろうと考えているのです。なぜなら、中国がこういう事態を許すはずがないからです。

中国という国は、朝鮮戦争のときでさえ、圧倒的な国連軍が押していったのにもかかわらず、毛沢東《もうたくとう》が兵站《へいたん》を含めて100万人規模の義勇軍を出してきました。緩衝《かんしょう》地帯としての朝鮮を防衛するという強い決意を示しました。毛沢東が最もかわいがっていた、長男の毛岸英《もうがんえい》もこのときに亡くなってしまいます。

こうした中国の朝鮮半島に対する地政学的な捉え方というのは、それ以後もずっと変わっていないのです。そればかりか、現在のように**米中両国が6ヵ国協議のように朝鮮半島問題で恒常的に話し合う**といった状況が作り上げられてしまうと、アメリカ側も中国に対して一定の政治的配慮をせざるをえなくなります。朝鮮半島の情勢分析は、まずこうした状況を踏まえないとできないだろうと思います。

朝鮮戦争当時ですら、満州の核攻撃を主張したマッカーサーが解任されましたが、それは、アメリカとしては政治的に中国とはもう対決したくないと考えていたからです。それがトルーマンのマッカーサー解任の理由です。今は、それ以上の状況ですから、軍事論だけで朝鮮半島の問題を語ると裏切られることになると思っています。

アメリカの対中政策が露骨に融和的になってきたのは、クリントンとブッシュ政権からでしょうか。とくにブッシュ政権の後半からは、両国はステークホルダー（利害共有関係）であるという発言すら出てくるようになりました。現在の**オバマ政権も、中国に対して非常に低姿勢**になっています。背後にあるのは国内の、財界の意向だったと思います。

アメリカ経済にとって13億人の市場というのが必要不可欠になってきたばかりか、アメリカ歴代大統領や国務長官たちが、中国とのビジネスの口利きを本格的に始めるようになりました。米国の経済再生面から、国債を一番買っている中国と喧嘩はできません。

朝鮮戦争を経て米中関係が対立から和解にシフトするのは、1971年にキッシンジャーが北京《ペキン》の周恩来《しゅうおんらい》と秘密会見をしたときに始まります。ここから米中が劇的に和解し、手を結んだのです。そして、同時に両国の2ヵ国間の問題だけではなく、将来のアジアの政治地図をどうしていくかについても話し合うようになっていきました。

両者の合意点はアジアにおいて、**台湾の独立は許さない、日本の軍事的自立、核武装は抑え込む**、そして朝鮮半島における南北の軍事衝突は極力回避する、といったことでした。

中国は北朝鮮と61年に軍事同盟を結んでいます。敵は米国と日本です。アメリカも韓国、台湾と軍事同盟関係にあります。これは中国に対抗したものでした。こうした冷戦時代に締結された互いの同盟国との軍事的取り決めは、一転して、アメリカと中国が和解に進んだ瞬間から、ある種の障害になっていきます。

また、この両大国と同盟関係にある国も大きな影響を受けざるをえなくなります。そこで北朝鮮は中国に、台湾と日本はアメリカに裏切られたという気持ちになりました。

その結果、**南北朝鮮、それに台湾で、独自の核保有の動きが出てくる**のです。

「日米安保条約」は自動参戦ではない

田母神●

これまで、核を持った国同士が戦争をしたことは一度もありません。これからもありえないでしょう。その意味からも、北朝鮮有事のときにアメリカが韓国と一緒になって朝鮮半島に入って、38度線を越えていくことは、たぶん無理だと思います。

日本の尖閣諸島問題もそうです。たとえば、尖閣諸島で日本と中国とがぶつかっても、アメリカが日米安保条約を発動して日本を助けるということは、たぶんありえないでしょう。万が一、アメリカが日本を助けると言ったら、中国は「持っているアメリカの国債を全部売るぞ」と言うだろうと思います。

それだけでアメリカはお手上げです。また、核の問題もあります。日本を助けるのだったら、ワシントンに核ミサイルを撃ち込むぞと脅すかもしれません。アメリカは**アメリカ国民を核の脅威にさらしながら、日本の無人島を守るという決心はできない**と思います。

つまり、日米安保条約というのは、あくまで抑止の意味しかないと思います。抑止が破綻した場合にアメリカが本当に行動してくれるかというと、これは抑止とは別の問題として考えねばなりません。

日本国民は、**もしもどこかの国が日本を攻撃したら、すぐにアメリカが反撃してくれる、**日米安保は「自動参戦」だと思っている人が大半です。ところが、日米安保は決して自動参戦ではありません。まず、アメリカの大統領が日本を助けるために参戦すると決め、米軍に対して「行動しろ」と命令しなければ動けないのです。

おまけに、大統領の決心についても有効期限が定められていて、2ヵ月間だけです。2ヵ月経ったら、今度は議会の同意が必要になってきます。そこで同意を得られなければ、日本を助けることはできません。

では、アメリカの議会が日本を守るため、いつでも諸手を挙げて議決をしてくれるでしょうか。反日派の意見が通るところですから、それは覚束ない状況でしょう。

日米安保条約というのは、もともと日本を守るために立ち上げたわけではありません。日本がソ連に近づかないようにするため、アメリカにとっての必要性から結ばれたのです。それが、いつの間にか日米安保によって、アメリカが日本を守ってくれているのだと、日本国民は洗脳されてしまいました。そう思わされているだけです。アメリカは、やはりアメリカの国益、アメリカの都合でしか動かないのです。

中国にしてみれば、日本の核武装というのは外交交渉のうえでも脅威になってくるのです。それによって立場が対等になるからです。

これまで、外交では中国は日本に勝ちっぱなしです。逆に、日本は負けっぱなしです。中国は日本の核武装によって、その状態が崩れることを懸念しています。

アメリカにしても、日本に核武装はさせたくないのです。われわれ日本人はそんなこと思っていないのに、**アメリカにしてみれば日本人がアメリカに報復すると信じ込んでいる**ところがあるのです。

アメリカ人と話していると、頻繁にそんな話題になることがあるのです。キリスト教では報復は正義だそうなので、そういう文化的土壌が原因で恐怖心を持っているのかもしれません。

アメリカには日本が報復するという潜在的恐怖心理がある

青木

中国が日本の核武装を警戒しているのは、中国自身の経験もあるのです。ソ連との関係が悪化する中で、中国は核武装に邁進していきました。もはや、ソ連の核の傘には頼らずに自分でやるという自力更生を目指したのです。そうした強烈な核ナショナリズムのようなものが、毛沢東にはありました。

その観点から、潜在的に、**日本もいつまでも日米安保に安住しているわけがない**、いずれは、と考えるのです。田母神さんが言われたように、アメリカ人が必ず日本は報復するだろうと潜在的な恐怖心を持っているように、中国もそう見ているはずです。

具体的に言えば、毛沢東が生前に外国人に話した内容を見てみますと、彼の日本に対する評価というのは、かなり高いのです。

毛沢東は青年期に西郷隆盛を非常に尊敬していたし、日露戦争の際も日本の勝利を高く評価しています。そればかりか、日本の代表的なアジア主義者である宮崎滔天《とうてん》に、彼の故郷湖南省《こなんしょう》で「明治維新の講演」まで依頼しています。

文化大革命のときに毛沢東が内部で行なった講話が紅衛兵たちによって暴露され、壁新聞やパンフレットの中で明らかにされているのです。それを見ると、第2次大戦において日本が東南アジアでイギリス軍やオランダ軍を駆逐したことも、非常に肯定的に話しています。やはり日本はすごい、やるなあというようなニュアンスです。

そういう毛沢東からしてみれば、明治維新を成功させ、日清・日露の戦争に勝利を収め、戦後も**敗戦国でありながらいち早く経済復興を果たした日本という国の民族のエネルギー**は、とてつもない脅威だったのでしょう。

そんな日本人が民族の自衛本能から言っても、これからもおとなしく「今後も核は持ちません」とか「憲法9条と心中します」と言うとは、とても信じられないのでしょう。

「守り」にお金をかけて攻撃力を削がれる日本

田母神

中国における反日教育というのは、ある意味で中国の国益に適うから続けてきたところがあります。共産党の求心力を高める役割も果たしてきたのでしょう。

マルクス・レーニン主義や毛沢東思想は、もうないので、求心力を高めるために、批判の対象は国内の資本家から日本民族にすり替えられたのです。そして、日本の外務省なども完璧に取り込まれてしまっています。

片方では、日米安保50年といっても、政府が祝いもしなければ記念日にさえならないのです。外務大臣が談話を出そうとしただけで終わってしまっています。

首相も何も言わず、アメリカも、それほど興味を持っていません。日本がまだある程度の経済力を持っているからアメリカも日本を利用しようとしているだけであって、**日本の経済力が失われたら、簡単に捨てられてしまう**でしょう。本当に、金の切れ目が縁の切れ目なのです。

ただ、日米安保そのものはアメリカにとっても、それなりの意味があるとは思います。こうして日本に基地を置いていて、日本人は「アメリカに守ってもらっている」と思っていますからどんどんお金も出します。それでアメリカが助かっているのは確かです。ですから、**日米安保によって、アメリカのほうが利益を受けている**のではないでしょうか。

そもそも在日米軍内で働いている日本人の給与というのは、100%日本が払っています。つまり、アメリカ軍は日本人をタダで使っていることになります。また、国というのは「守り」にお金をかければ攻撃力を持つことにお金が回りません。攻撃力を持てないから、アメリカに頼らざるをえません。アメリカとしては、そういう状態を維持したいのです。

ミサイルの恐怖も煽るだけ煽っています。それも北朝鮮のミサイルだけです。ミサイルなど、ロシアも中国も台湾も韓国も持っているのです。それを北朝鮮のときだけ、日本に情報を流して大騒ぎさせているとしか思えないのです。日本国民を脅して、もっとミサイル防衛をやらなくちゃいけないというように世論を操作しているとしか思えません。

もし北朝鮮がミサイルを飛ばしたら大変なことになるぞと脅していますが、東京に被害が出るように撃つはずがありません。自分たちの言うことを聞かなければ撃つぞと脅して、被害が出ないように海に1発撃つ程度です。30発も50発も撃ってこられたらどうするのかという人たちがいますが、そんなことは絶対にありえません。

むしろ、もしも被害が出るように撃たれたら必ず報復するぞ、という**攻撃力を、日本が準備することのほうが大事**です。でも、それを中国はもちろんさせたくないし、アメリカもさせたくないでしょう。

アメリカの「年次改革要望書」どおりに動く日本

田母神●

1993年の宮澤・クリントン会談で、**構造改革要望書が年に一度、日米で交換されることになりました。**あれから16年ほど「年次改革要望書」という名の構造改革要望書が交換されています。

アメリカ側の要望たるや、1年でA4用紙50枚ほどもあります。これはアメリカ大使館のホームページに載っていますが、とても具体的な内容です。

たとえば、NTTの分割、郵政民営化、労働者の派遣法案を通せ、建築基準を変更しろ、談合を摘発しろ、などなどです。

さらに、たとえば談合の摘発ならば、総務省の中にあった公正取引委員会を、総務省だと地方自治体での取り締まりが難しいからという理由で、内閣府に移してくれという要求までなされています。国家公務員を減らしていく中で、**談合摘発のための要員だけは増やしてほしいという要求**も出してきています。

この要望書を日本が受け取ると、2、3年で必ず法律になっています。つまり、日本としては**アメリカに対して100点満点の回答を出そうとして、ものすごく努力をしている**のです。談合の摘発も、結局は年次改革要望書に従っているだけです。

建築基準の変更にしても談合の摘発にしても、アメリカの参入がしやすいようにしています。しかし、談合など悪の権化のように言われますが、私はむしろ「日本の知恵」のようなものだと思っています。

談合によって落札価格が無限に上がると言う人がいますが、絶対にそんなことはありません。官公庁も予算の上限が決まっていますから、それ以上に上がるはずがないのです。

これだけの予算しかないから、落ちこぼれが出ないようにみんなで分けましょう、みんな食えるようにしましょう、というセーフティーネットのようなものなのです。

それが競争入札一辺倒のアメリカ型になると、必ず1割、2割は落ちこぼれる会社が出てきます。それに、競争入札で値段を下げなければならないので、ここの柱を2本抜いて、というような耐震偽装まがいの話が出てきます。

談合では、品質は必ず担保されていたものでした。真面目にやらないと、仲間から外されてしまうからです。品質は談合で確保されるという一面は、否定できない事実です。そもそも談合には悪い意味などありません。

日本人は、それを当然のこととして行なってきたのです。東京から名古屋に向かう中央高速道路には、談合坂という坂まであるぐらいです。談合に悪い意味があれば、あのような面白い名前はつかないと思います。

アメリカにも談合はあり、とくに軍需産業などに談合が多いと聞いています。小さい事業は競争しているけど、戦闘機の開発、護衛艦の開発などの大きなものは話し合いで決めています。すなわち談合です。

アメリカの**分厚い要望書は、最終的にはアメリカが儲かるようなものばかり**です。結局、アメリカの財界、保険関係とか通信関係などがアメリカ政府に意見書を出して、それをアメリカ国務省がまとめて日本にぶつけてくるのです。ですから、よくこんなことまで知っているなと驚くほど細かいのです。

それに対して日本はわずかの要求しかしません。読んでみると、がっかりします。「渡航の手続きのときにはここまでしかできないので、それをもっと楽にしてくれ」といった瑣末なことが多く、アメリカの要求とは質が違いすぎます。

日本の**外務省は、アメリカの嫌がることはやらない**のです。どこからも文句の出ない範囲でお茶を濁すというスタイルですから、国がどんどんダメになっています。

経済戦争にしても、ここ16年ほど負け続けているのは、こうした理由からではないでしょうか。中国もアメリカもＧＤＰが伸び続けているのに、日本だけが20年間伸びていないのです。

戦後日本の受難「言論弾圧」と「歴史の抹殺」

田母神

小泉政権下の5年間では、結局GDPはまったく伸びていません。むしろ減っているのです。それにもかかわらず、株式配当だけは総額4倍になっているのですから格差がつくはずです。今までは従業員に配られ、地域社会のために使われたお金が、みな株主に行ってしまっているのです。

これもまたアメリカの要求です。株主配当を増やせとか、社外取締役制度をつくれといった要求は、**アメリカにいながら日本の会社の重役になって金儲けができる**というシステムなのです。

こうした要求を通すため、あたかも日本の会社というのは中で悪いことばかりしているため、外から見張らないといけないというムードをつくっていくのでしょう。彼らの金儲けに直結していることなのですが、日本人は騙されて、信じ込まされているのです。

日本人にはお人よしなところがあり、歴史を否定した形で教えてきているからだと思います。日本という国はろくな国ではないと教え込まれてきました。たとえば、戦前の日本というのは北朝鮮みたいな独裁国家だと教えられてきました。戦後の日本人、とくに若い世代はそう信じています。

しかし、そんなことはありません。民主主義という目で、戦前の日本とアメリカとを眺めると、どちらが進んでいたか。アメリカのほうが進んでいたと断言することなどできません。

アメリカは、戦前には黒人の選挙権もなかったのです。1964年の東京オリンピックが終わってから、初めてアメリカは黒人に選挙権を与えました。そんな国が、戦前の日本には民主主義がなかったと言うのはおかしいと思います。

私はよく講演で話すのですが、アメリカの占領政策は素晴らしくて、独裁国家で苦しんでいた日本人を解放して民主主義国家へと導き、日本の戦後復興にも役立ったというふうに教えられてきました。これは、まったくの嘘です。戦後、**アメリカが日本に対して行なったのは、徹底的な言論弾圧と歴史の抹殺**なのです。

そうしたイメージ操作が国民に浸透していったのには、戦後の経済復興がある程度成功したためでもあるでしょう。これは日本がソ連側につかないため、アメリカが復興に協力してきたためでもあります。共産国家の封じ込めには日本という存在が必要だったのです。あくまで、その目的のために手助けしてきたにすぎないのです。

それでも、1970年ぐらいまでは、繊維の貿易交渉などがあったにしても、日本の意志を汲んできたところがありますから、まだ、経済「摩擦」の段階でした。ところが、**1990年を境に経済「戦争」になってきた**のです。ソ連との状勢変化もあり、日本の存在価値が著しく低下したからでしょう。

江沢民とクリントンに始まる米中接近ショー

青木

一口で言えば、ソ連崩壊で新しい形の帝国主義の時代に入ったということでしょう。田母神さんのおっしゃられた1991年の冷戦以後の状況では、日本を経済的に抑え込んで、収奪し、アメリカ化させていくという流れになってきています。

これは一方で、アメリカの中国への接近と並行して進んでいくのです。91年にアメリカの対日攻勢が始まった時期は、中国が2年前の天安門事件のダメージを抱えていて、米中関係がデッドロック状態になっていました。

そこで江沢民《こうたくみん》とクリントンとが会うにはどこがいいかと話し合って、それは**ワシントンや北京ではなく、中立的な印象を持つAPECの場**になったのです。ここでも経済が先行していたのです。

そして、93年に両首脳はAPECで会談するのですが、それ以後も、内外で米中の接近に対する警戒や反対の声がおさまりませんでした。それで、これを何とか安定的な形にソフトランディングさせようとして考えられたのが、太平洋戦争当時、両国は同盟国であったというロジックです。人権で角を突き合わせていた両国は、抗日という歴史認識で再接近していきます。

97年に天安門事件以後9年目にして、初めて江沢民が訪米します。彼はまず、最初にハワイに行き、そこでパールハーバーを視察しました。ここで、「米中はかつて日本軍国主義と戦った同志であった」という演説を行ないました。

そしてこの後、**江沢民はアメリカ本国での軍需産業を含めた航空機器業界と商談をし、ボーイングなどの飛行機を大量発注**しました。つまり、財界の囲い込みをしたのです。

その翌年の98年6月に、クリントンが訪中しました。これは、もう歴史的な訪中でした。というのも、クリントンに同行したスタッフは総勢1200人。これはアメリカ史上最高の数です。

その前のブッシュ大統領のときは400人ですから、何と3倍ということになります。

さらに、クリントンの中国での滞在日数は9日間でした。これも、1776年の合衆国建国以来、アメリカ首脳が外国に滞在した日数としては最長です。

そしてここからが重要なのです。クリントンが中国で最初に訪れたのは、北京ではなく西安《セイアン》でした。1936年、抗日民族統一戦線結成のきっかけとなった西安事件と国共合作の舞台だったところです。これまで訪中した大統領が、最初に北京ではなく西安を訪れたのも、これが初めてでした。

そこからクリントンたちは北京へ向かい、上海《シャンハイ》に行きました。当時、李登輝《りとうき》台湾総統が国連再加盟で動いていたのですが、クリントンは、上海でそれに反対であると言明しました。台湾の国連加盟は認めないと言ったのです。

さらに、クリントンは上海で7月1日、じつは地元の青年実業家と昼食をとっています。興味深いことに、7月1日というのは、中国共産党が誕生した日なのです。

何のための昼食だったのか。中国は、あの天安門事件を起こしたような虐殺者の国ではない。また、毛沢東のような凶暴なコミュニストの国でもない。われわれと同じ**市場経済を信奉する新しいフロンティアが誕生した**のだ、という米国内向けのメッセージなのです。

上海での一行の映像は、CNNを通して全米に流されました。この瞬間、アメリカ国民の対中国イメージは修正され、肯定的なものに塗り替えられたのです。

そもそもクリントンは、北京の天安門の前で人民解放軍の閲兵を受けています。あの学生たちを銃で殺した人民解放軍の閲兵です。天安門事件は「もうすでに終わったこと」にされたのです。

念が入っているのは、そのあとにクリントンは返還1年目を控えた香港に足をのばし、「安定し繁栄した中国は、アメリカの戦略的パートナーである」と宣言しました。

訪問を終了した彼らが、ハワイに帰国した日は7月4日でした。言うまでもなくアメリカの独立記念日です。見事に計算され、演出された訪問と言うべきでしょう。米中合意の外交が大々的にショーアップされたのです。

アメリカ内にも中国内にも、米中が接近することに反対する勢力がいます。そのあたりも視野に入れてのクリントンの「大遠征」でした。

ただ残念なことに、当事者たる**日本人だけがこれほど露骨な外交メッセージに無頓着**だったのです。

中国における反日運動をアメリカは黙認した

青木

アメリカ政府としては、マスコミや議会の反発があっても、こうして和解のための既成事実を少しずつ積み重ねていったのです。そして、クリントンをバックアップする財界グループ出身の政府高官からは、日本に対する露骨な警戒発言が出てきます。

たとえば、のちにシティバンクの会長になったルービン財務長官などは、「われわれが天安門事件のせいで中国にアプローチできないでいるときに、日本やヨーロッパが中国の市場を押さえようとしている」と議会で発言しています。

中国に進出して金儲けしようとしていたビッグビジネスの政界・議会工作も効果があり、**クリントン政権は中国を最恵国待遇に格上げすることに成功**しています。これは米国との貿易の拡大を願っていた中国指導部へのラブメッセージです。

さて、当時の中国の副首相は朱鎔基《しゅようき》ですが、彼は中国の市場経済への舵取りをしてきた人です。驚くことに彼の経済財政ブレーンに、韓国系アメリカ人エコノミストが入っているのです。これは一般的にはまったく知られていません。彼らはホワイトハウスから送られてきました。

中国人も韓国人も名前が共に漢字なので、メンバーのリストを見ても中国人なのか韓国人なのか、外部の人間からはわかりません。今でもこれは、共産党内部のトップシークレットになっています。

それは、中国の市場を睨んだ政策でした。日本への対応も、そこから決まってきます。日本のアメリカ化にしても、アメリカの財界の意向です。

実際に、米中和解は田母神さんがおっしゃられたキッシンジャー的な戦略論から出てきているのです。朱鎔基のブレーンに韓国系アメリカ人を配するという案は、キッシンジャーの孫弟子、ウェスタン・ロードという人物が仕掛けたものです。

彼は、元中国大使で、国務省の次官補をやっていて、ニクソンの訪中時にはキッシンジャーに同行しているキーマンです。経歴からもわかるようにキッシンジャースクールの愛弟子で、おまけに奥さんが中国人です。

整理すると、冷戦以後、米国では**人権重視のイデオロギー外交からキッシンジャー的な外交リアリズム路線に修正**が行なわれ、天安門事件で対立した米中関係の修復に動いていったということになります。そのとき、日本がバッシングされていったのです。

江沢民が日本に来たのは、クリントンが6月に訪中したあとの11月でした。日本に来て天皇陛下の前で無礼な発言をしました。そうした傲慢無礼の理由のひとつがアメリカとの関係和解でした。だから、彼は傲慢にふるまうことができたのでしょう。つまり、そこにあったのは、「もう米国とは関係を改善し、孤立していない」という自信です。

冷戦時、米中の共に最大の脅威だったソ連は崩壊しました。これから**叩く必要があるのは、ロックフェラービルまで買収した経済力を持つ日本**だったのです。軍事ではなく経済による日米戦争です。

クリントンの訪中の中身を見ていくと、このように隠されたメッセージがあるのです。

クリントンは、夫婦そろって中国とものすごく仲がいいことも付記しておきたいと思います。

アメリカは新疆ウイグルの独立運動を支持できなくなる？

青木

昨年の11月にオバマが中国に行ったとき、新疆《しんきょう》ウイグル自治区とアフガンとの国境に軍事道路を造りたいという提案をしています。これは香港の英字紙『サウスチャイナ・モーニング・ポスト』がスクープしました。

この新疆ウイグル自治区は、中ソ対立時代にアメリカが、ソ連の軍事情報を常時モニターしてソ連国内の動向を掴んでいた地区です。アメリカは再び、**アフガンのアルカイダ掃討のための軍事作戦のため、中国に協力を要請**しているのです。

そうすると、どういうことになるか。新疆ウイグル自治区の独立運動をアメリカは公然とは支持できなくなります。アメリカ国務省のスポークスマンも、「今、中国側に提案をしている」とこの事実を認めています。場合によれば中国はOKするかもしれません。アメリカと中国とが反イスラムということで、どう手を結んでいくかということも注目です。

中国の辺境地区のインフラ整備、とくに鉄道は押さえられてしまっています。

というのも、大きな資本《カネ》が動くし、軍事的にも利用できるからです。大国になった国というのは、鉄道も含めた道路交通網を拡大し、整備していくものです。今、**中国がやっているることは、まさにアメリカが18世紀に行なった西部開発の焼き直し**なのです。

チベット人女性などもどんどん移動させられ、中国人と結婚して国際児童が生まれています。これは事実上の同化政策です。

日本でも、チベット旅行のツアーなどが売り出されていますが、あちらで旅行の窓口になっているのは、すべて漢民族が経営している旅行社です。そして、現地では漢民族が運営するホテルに泊まり、漢民族のマネージャーのいるホテルのサービスを受けて、土産物屋も漢民族がやっています。おいしいところはすべて漢民族が握っているのです。

チベット人はほとんど仕事がないから、昼間からお酒を飲んで酔いつぶれ、それを平気で警察官が警棒で叩いています。これが、チベットの実情です。青蔵《せいぞう》鉄道（青海省西寧《せいねい》とチベット自治区拉薩《ラサ》を結ぶ鉄道）ができた結果、漢民族化に拍車がかかってきました。

つまり、鉄道ができるというのは、ＮＨＫのＢＳ放送がやっているような、「鉄道が走って沿線が潤って、光景もいいぞ」などというレベルの話ではありません。漢民族による少数民族の支配が、急速に進行しているのです。

「普天間問題」アメリカの本音

田母神●

日経新聞あたりは、そろそろ中国のバブル経済も危ういという内容の記事を書き始めています。ヨイショ記事、提灯記事だけではしようもないし、現状に対して怒っている記者もいますから、ぼちぼちと警戒感は出てきているのではないでしょうか。

そうした米中間の事情を押さえておくと、日本として中国に対するカード、アメリカに対するカードの切り方も決まってくるでしょう。とくに具体的に何か問題が生じたときには、いろいろな案が浮かんでくるかもしれません。たとえば、中国の反日運動をやめさせるために、アメリカにどう動いてもらうかなどということも不可能ではないでしょう。

ただ、**ブッシュ大統領が靖国参拝をするというのを日本の外務省が止めた**ぐらいですから、そういう切り札のカードを使うという意識はないのかもしれません。

問題が起きなければいい、という考え方だからです。目の前で何かが起きるのだけは避ける。そのために将来がどうなっていこうがかまわない、という情けないスタイルです。

普天間《ふてんま》の問題にしても、**鳩山前首相が「トラスト・ミー」と言っても、まったくトラストされなかった**のは周知の事実です。

今年の2月、日米共同訓練の挨拶で、「同盟は『信じてくれ』という言葉だけで維持できるものではない」と言った中澤連隊長が更迭《こうてつ》処分を受けましたが、国を思う気持ちがあれば、誰でも皆、ごく普通にそう思っているはずです。その言葉に過剰反応する北澤防衛大臣は、自分が自衛隊の指揮官だという自覚がないようです。

普天間については、アメリカは移転などしたくないのでしょう。今のままのほうが、街にも近くて一番いいと思っているはずです。だらだらと引き延ばせば、普天間はそのままでやっていける。だから、本音では、ずっとこの先も結論を延ばしに延ばしてくれればいいと思っているのではないでしょうか。

移転したところで、日本がお金を出して、施設など何もかも造らなければなりません。アメリカ側としては、お金を出さずに施設はよくなる。日本のお金で米軍の勤務状態が良くなるのです。

これはこれで、アメリカ軍としては大歓迎でしょう。日本の都合で「行け」と言うのだから、日本が金を出すべきだということなのです。

つまり、アメリカにとっては、どちらに転んでも痛くも痒くもないのです。ただ、辺野《への》古《こ》沖だとか下地《しもじ》島《しま》だとかに行くとなると、生活自体も不便になります。ですから、まずは、今のままがいい。それが最も望むところなのです。

それで**グアム移転などとなれば、それはそれで歓迎するというスタンス**でしょう。ですから、彼らは普天間問題に関しては、まったく騒ぎません。怒っても仕方がないし、怒る必要もないのです。

日本に経済力がなくなったときが、アメリカに見放されるとき

田母神

アメリカが日本に対して、さりげなく報復的に締めつけをするとなると、「為替」「格付け」「会計規則」の3Kだと言った人がいますが、まさにそのとおりで、経済面での締めつけが露骨になってくるでしょう。

多分、日本に経済力がある間、つまり**日本のお金を持ち出せる間は、アメリカは日本を守る**でしょう。しかし、日本に経済力がなくなったときには簡単に見捨てられるでしょう。利用価値がなくなったということだからです。そのときは、中国で十分だということです。

日本がアメリカ国債を買えなくなっても、中国がその肩代わりを十分できます。

今のところ、郵便貯金などが伸びていないとは言え、まだまだ日本人はお金を持っていますす。それが、どんどん目減りしていったら、日本にとって怖いのは中国です。

アメリカはそんなことを絶対にしないでしょうが、たとえば日本がアメリカの一部になるのと、中国の一部になるのとを比較すれば明らかです。やはり、中国の一部になるほう

が怖いのです。他の民族のように、殺されるようなことが起きかねません。

もちろん、アメリカは今のところ日本が別の国だから絞れるのであり、1つの州にでもなったら、民主主義の国ですから、選挙民の3分の1は日本人になります。ですから、そんなバカなことはしないでしょう。

あくまで国と国との関係だから、こちらの言うことを聞かずに勝手なことをしています。いくらでもむしり取れると思っているのです。一部になったら、アメリカにとっていいことは1つもありません。

しかし、中国には、日本を属国にすればそれだけのメリットがあります。今の中国と同じ規模の経済力を抱え込めるうえに、さらには、それを一部の人たちが独占できるからです。あとは、**言論弾圧と粛清で、反抗する人間を抹殺していけばいい**わけです。青木さんなど、最初に粛清する候補に挙げられてしまうかもしれません。

青木さんの講演などでは、真顔でそう質問されるそうですが、青木さんほど情報を持っていると、彼らは、むしろ、殺すことのマイナスを計算するかもしれません。どちらに転んでも、無事ではすまないでしょう。

2章

北朝鮮を奴隷化する中国

- 西松建設の造った水豊ダムに北朝鮮も中国も大満足
- 田中、竹下、金丸から「日朝共同宣言」を引き継いだ小沢
- 中国は和平演変によって北朝鮮を従属化しようとしている
- 中国が押さえたいのは北朝鮮の資源と港と労働力の3点セット
- 少数民族をさげすむ経済大国となった中国

西松建設の造った水豊ダムに北朝鮮も中国も大満足

青木

さて、ここでは、日本の他国への援助についてご説明しておくことにします。日本からの経済支援には、大きく分けて4つの種類があります。まず、日本政府が直接中国政府に援助するODAで、これには3つの種類があります。1つ目が円借款、2つ目が無償援助、3つ目が技術協力です。そして4つ目が、これらとは別にある今回JICA（ジャイカ＝独立行政法人国際協力機構）が担当するようになった「海外投融資制度」です。

これは、**カントリーリスクの高い国に日本の企業が進出するとき、リスクヘッジをするため財務省が支援しますよ**というシステムです。これが日朝共同宣言に出てくるのです。

北朝鮮は、1970年代に日本から大量にプラントを買ってお金を払いませんでした。結局、最後には、通産省の貿易保険が適用されました。つまり、あそこは禁治産国家、破産国家なのです。ですから、民間企業はどこも行きたがりません。

それでは北朝鮮の経済再建はできません。そこで、日本政府がバックアップして海外投融資制度を適用し、進出する際のリスクヘッジをしますよというものです。これが共同宣言に書かれています。日本企業の北朝鮮への進出をうながすのが目的です。

北朝鮮への支援は、**民間のビジネスとは関係のない公的支援を呼び水にする**しかないのです。そのためには日本との国交正常化や、アメリカとの緊張緩和が前提となってきます。それがなくては、アジア開発銀行や世界銀行など国際援助機関からも公的なマネーは出ません。日本との国交正常化を行なう際、最大の障壁は拉致問題であり、この問題を解決しなければなりません。

ここにも中国が関連してくるのです。じつは、北朝鮮との国境を流れる鴨緑江《おうりょくこう》にある水豊ダムというのは、1943（昭和18）年に西松建設が造ったものなのです。そして、**日朝正常化が実現すればこのダムに、100億円近いカネが出る**と見られているのです。

北朝鮮にとって最大の問題は、食糧とエネルギーです。

このうち、食糧は海外からの緊急支援によって何とかなります。人口も2000万人程度ですから、数は多くありません。ところがエネルギーは船に積んで持って行くわけにはいきません。現地でインフラ設備を整えて、最新のものにしていかなければなりません。

そのとき考えられるのは、原子力、火力、水力発電になってきますが、一番コストのかからないのが水力発電所です。なかでも北朝鮮最大のものが、この水豊ダムです。じつは、水豊ダムは、中国にとってもお金がなる木なのです。

というのも、北朝鮮は自力ではダムの修理も何もできませんから、メンテナンスはすべて中国が引き受けているのです。その見返りとして、ダムで作られる電力の半分を中国はタダで貰っています。

もし、日本と国交正常化すれば、最新鋭の技術が導入され、修理も日本が無料でやります。中国の東北地域は慢性的な電力不足ですから、こうした**最新鋭のダムが北朝鮮側にできることは大歓迎**です。少なくとも自分たちの懐は痛みません。

どこの国も、あらゆる利権を狙っているので、援助や支援にしても決してきれいごとではありません。そのあたりが、きちんと報道されていないのです。

日本以外はみんな野獣のようなもので、虎視眈々と獲物を狙っています。そういう国際政治の凍りつくようなリアリズムを、日本のジャーナリストも政治家も、もっと持つべきでしょう。

たとえば、日本と北朝鮮との国交正常化を中国が歓迎していることに関連して、こういう話もあります。

北朝鮮の首都平壌《ピョンヤン》に平壌駅という、日本が日韓併合時に造った駅があります。ここからの通りを蒼光通りといい、平壌のメインストリートですが、そこに有名な高麗《こうらい》ホテルもあります。小泉元首相が訪朝した際に使用したホテルで、北朝鮮版帝国ホテルと自称しています。

この蒼光通りにはビルが立ち並んでいますが、じつはこの借地権を中国のユダヤ人と形容される温州《おんしゅう》商人たちが4、5年前に買い取っているのです。

日朝国交が正常化すれば、日本企業を含めて各国が北朝鮮にオフィスを構えるだろうと読んでの投機に違いありません。それだけではなく、海外からのマネーが北朝鮮に落ちるだろうと感じた中国は、**平壌にある平壌大百貨店の資本に食い込んで、今では半分が中国資本**になっています。

つまり、2002年に小泉訪朝があって、禁治産国家である北朝鮮に膨大なジャパンマネーが来る可能性を嗅ぎ取った中国人たちが、北朝鮮に対する経済進出を本格化させているのです。

田中、竹下、金丸から「日朝共同宣言」を引き継いだ小沢

青木

今、北朝鮮側から信頼されている政治家というと、小沢一郎氏ということになるでしょう。幹事長を辞任したとはいえ、与党に影響を与え続けている存在であると同時に、小沢氏の上にいた金丸信氏が金日成《キムイルソン》の信任が最も厚い日本人だったからです。

金丸信氏は、北に行って自民党、社会党それに朝鮮労働党の間で3党共同宣言を出しました。金日成に会って**戦前の謝罪をし、日本が5兆円の援助をすると裏約束をした**のです。

その流れを、当時自民党の幹事長だった小沢氏が継いでいるのです。そもそも田中角栄氏に対する北朝鮮の評価も高いのです。日中国交正常化に成功したので、北朝鮮の見方だと、対米自立外交をやった男という評価になるからです。

新潟の西山町にある田中角栄氏の生家には、金日成の色紙があります。

また、田中氏の後を継いだ竹下氏は、初めて国会で北朝鮮との関係に言及し、日本は北朝鮮にひどいことをしたのだと謝罪しました。このときに質問したのが、社会党の田辺誠

氏ですから、事前に打ち合わせずみのデキレースだったのです。その竹下氏の同志だった金丸氏が、北朝鮮に行って金日成と会見したわけです。

この、田中・竹下・金丸ラインの直系が小沢一郎氏であって、小泉氏ではありません。注意しなければならないことは、日本のゼネコンが日朝共同宣言で舞い上がって、再建プロジェクトの仕事を貰おうとしているけれど、このプロジェクトは中国のゼネコンも虎視眈々と狙っているということです。

たとえば中国の大手ゼネコンである**中国中鉄や中国鉄建、それに中国交通建設などが鉄道インフラの整備工事に意欲的**だと伝えられています。

復興資金のもとになる円借款はアンタイドローン（使途不指定の借款）です。日本側に業者の指名権はないのです。

おまけに、中国のゼネコンのほうが労働力は安いし、北でのビジネスなので朝鮮語を喋らなければならないのですが、日本のゼネコンがどれだけ言葉のわかる人間を集めることができるのでしょうか。

中国は、**目の前の朝鮮自治州地区だけで200万人もいる朝鮮族**からいくらでも喋れる人間を連れてくることができます。北朝鮮に叔父さんや叔母さんのいる人だって大勢いるでしょう。

そうしたメリットを持つ国と争うのですから、そうそう浮かれてばかりはいられないでしょう。中国も、北に対して「俺のところに受注させろ！」と圧力をかけるに違いありません。

中国は和平演変によって北朝鮮を従属化しようとしている

青木

北朝鮮としては、最もご機嫌を取らなければならないのは中国です。北朝鮮は、今では事実上ほとんど中国の経済植民地だからです。

新年には、金正日《キムジョンイル》が対外貿易を全面的に拡大すると言っています。おそらく、国内的には追い詰められてきているのでしょう。だからこそ、北朝鮮としては、アメリカや日本と接近したいのです。完全に植民地化されている中国が怖いからです。

しかも、**デノミの失敗で、貧富の格差、階層の格差も急拡大**しています。しかも労働党の中でも豊かになった人間は、皆中国との貿易で稼いでいるのです。

中国が北に対してやろうとしているのは「和平演変《わへいえんぺん》」と言われるものです。これは武力によって倒すのではなく、労働党内部から中国の支配下に置こうという深謀遠慮の政策です。

チベットなど、少数民族地域でやっていることと同じです。経済的なエサをぶら下げて、支配していくのです。そもそも北朝鮮はもう中国以外からは物が入ってきませんから、これは最も効果的な方法かもしれません。

じつは、昨年、２００９年は「中朝友好の年」だったのです。

中国と北朝鮮との国交が正常化して60年が経ちました。それを機に、胡錦濤《こきんとう》が提案して金正日がＯＫし、去年が「中朝友好の年」とされたのです。この「友好」という名目で中国が狙っていたのが、党や政府、企業、金融機関の北朝鮮進出でした。友好年だから交流しても、何ら不自然ではないということを隠れ蓑にしたのでしょう。

その最中の5月に北朝鮮が核実験をやって、国際的な制裁に遭い、以後北は6ヵ国協議にも復帰せず、中朝関係も一時ストップした状態でした。当初中国銀行の代表団が、8月頃北朝鮮に入るのではないかという情報があったのです。

これは、**北朝鮮が人民元経済に入ったということのひとつの証明**です。ウォンなど、国民は誰1人もう信じていません。彼らが実際に信じているのは、アメリカのドルと中国の元です。それで、焦った金正日がデノミによって一気に外貨を使えなくしようとして、それが破綻したというのが事の真相なのです。

私は、去年の中朝友好の年が始まった直後、北朝鮮が10月までは6ヵ国協議には復帰することはないだろうと予測しました。

なぜならば、中朝友好の年のセレモニーが終了するのが10月だったからです。その間に北が中国の要請を受けて復帰すると、中国からの圧力によるものと見られてしまいます。中国は、政府も軍も6ヵ国協議をやるぞと言っています。ですから、そうした時期に復帰したのでは、北朝鮮は政治的にも外交的にも従属国になってしまい、自立権をアピールできなくなってしまいます。

だから、「中朝友好の年」が終わるまでの間は、**金正日は決して中国の敷いた6ヵ国協議には出てこない**だろうと見たわけです。

中国が押さえたいのは北朝鮮の資源と港と労働力の3点セット

青木

それでは、中国は北朝鮮とつながることによって、このわずか人口2000万人程度の国から、どんな利益が得られると考えているのでしょう。

それはやはり、**資源と港と労働力の3点セット**です。

この中で、緊急性が高いのは資源です。中国経済はエネルギー効率が実に悪く、そのためいくらでもエネルギーが必要です。

エネルギーを手に入れるために、中国は、北朝鮮で一番大きな鉄鉱石のある茂山《もさん》の50年間にわたる開発権を手に入れました。それ以外には、恵山《ケイザン(ヘサン)》にある青年銅山で、一番大きな銅山があるのですが、ここも4年前に中国のベンチャーグループ、万向《ワンシヤン》集団が30年間の開発権を取っています。

じつは、この万向集団の海外投資アドバイザーが、ブッシュ前大統領の叔父さんであるプレスコット・ブッシュ・ジュニアという人物です。また、万向集団というのは中国の自動車の部品メーカーで、今アメリカやカナダ、それにラテンアメリカにも進出しています。その仲介をやっているのも、ブッシュ前大統領の叔父さんなのです。

その会社の本社は浙江省《せっこうしょう》にあります。会長は魯冠球《ろかんきゅう》という人物で、中国の新興資本家の代表として、全人代（全国人民代表大会）に地元浙江省の委員として選ばれています。1991年の5月には『ニューズウィーク』の表紙にもなっています。

プレスコット・ブッシュ・ジュニアは、兄がブッシュ・シニア元大統領ということから、中国と非常に関係が深かったのです。中国に進出する企業の、アドバイザーのようなこともしています。日本の青木建設と一緒に、上海にゴルフ場を造ってもいます。

そうやって中国の中枢に食い込むわけです。しかも兄貴のブッシュ・シニアのほうは、キッシンジャーと同様に中国に強力な発言力を持っています。甥のブッシュも大統領でしたから、当時、中国では彼を下にも置きませんでした。万向集団は**ブッシュ叔父を顧問に据えて、彼の政財界内外にわたる人脈を使い、海外進出を果たしていった**のです。

恵山の青年銅山については、甥のブッシュ大統領時代に、北朝鮮政策が融和と話し合いの方向にチェンジしたため、いずれ西側からお金が入ってくる、日本との国交正常化もあるかもしれない、だから早めにツバをつけて押さえておけ、というアドバイスがあったのではないかと思います。

ご存じのように、**中国のアフリカに対するアプローチもやはり資源が目的**です。すべて目的は資源です。

話を戻しますが、広大な中国なのに、意外に資源が出ないのに対して、北朝鮮に鉱物資源はまだまだあります。それを最初に狙っていたのが日本の三井物産です。

1970年代、田中角栄氏の時代、三井物産が資源の開発をやっています。東京・浜松町に世界貿易センタービルというのがあって、あの中に三井物産が作った東アジア貿易研究会という団体がありました。

これは北朝鮮の債務の処理を目的としていて、三井物産から事務局に1人出向させて、常に情報を収集していたのです。三井は戦前、大陸と半島に広大なビジネスネットワークを張りめぐらしていたからです。

次に労働力です。中国にしてみれば、近くにあるから、それを使いたいでしょう。中部地方の経済代表団が延吉《エンキツ》の朝鮮族自治州を訪問した際、中国政府は、「日本がお金を持ってきたら、中国が場所を提供します。労働力は北朝鮮の労働者が1日1ドルで働きます」と言っていたそうです。

「北朝鮮の労働者は飯さえ食べさせれば黙って働く。労働党が責任を持って人数を調達してくれるので安心です」とも言ったそうですから、何をかいわんやです。

しかも、北の「赤いエリート」たちが、自国の労働者を安く買い叩いてピンはねするという構図が普通になっています。開城《ケソン》で韓国とやっているプロジェクトがそうです。

韓国側の払っている給料のうち、**9割は朝鮮労働党の幹部連中が抜いていて、労働者には1割ぐらいしかいかない**のです。彼らはヨーロッパでもロシアのシベリアでも、現地の労働者が嫌がる3K産業に従事しています。

中国でも人件費が高くなってきているので、黙って働く北朝鮮の労働者を連れてきて使おう、同時に資源も押さえようということです。

中朝友好の年に、最後のセレモニーとして10月に温家宝《おんかほう》首相が北朝鮮に行っているという話をしましたが、ここで温家宝は、「これからの中国と北朝鮮との関係はビジネスライクでいこう」「政府主体ではなく民間主体でやる」と、はっきり言っています。

つまり、これは、儲けがなければ、あなたとは付き合いませんよということです。これが、中朝関係の現状なのです。

この5月に金正日が中国を訪問しました。緊急援助と引き換えに北朝鮮の港は中国に租借されつつあります。すでに羅津《らじん》は落ちて、次は西にある南浦《なんぽ》の開港を迫られています。日本との国交正常化でいずれカネも入ると、中国は見ているのでしょう。

中国は北朝鮮に、中国の誰も食べないような毒入り食品のようなものをどんどん輸出しています。そのため多くの人間が命を落としています。さらに、中国で売れなくなった不良品の在庫として、両方とも左足用の靴などを輸出し、売っています。北は経済制裁で他からは物が入ってこないから、仕方なく買うしかないのです。

今の金正日の置かれている状況というのは、こういうことです。だから、北朝鮮としては日本とアメリカとの関係を改善して、何とかそちらからお金を引っ張ろうと考えていると思われます。とはいえ、**国交正常化の前提としての拉致（問題の解決）と核の放棄は決断できないという袋小路**の中に追い込まれてしまいました。そういう意味で言えば、いまや、金正日の直接の敵は胡錦濤なのです。

少数民族をさげすむ経済大国となった中国

青木

中国という国（漢民族）はいったん経済大国となったら、少数民族を露骨にさげすみます。それはえげつないほどです。

たとえば、北朝鮮の「人間サファリツアー」というのをご存じでしょうか。

中国の丹東《たんとう》という街から北朝鮮に向けて遊覧船の観光ツアーが出ているのですが、**北朝鮮の対岸に船を着けて「エサ」を撒く**のです。缶詰だとか食べ物、医薬品、衣類などを撒くと、北朝鮮の人たちがババッと拾いに来ます。それを見て中国人観光客が拍手喝采をするのです。上野動物園のサルにエサをやるのと同じ感覚です。

中国人や韓国人のツアーではこれが売り物になっています。観光客がビデオ撮影しながら、「出てきた出てきた」などと口々に言い合い、恥を知るということがありません。

これは、露骨な「大漢民族主義」そのものです。

私が中国に行ったとき、北京空港で金正日バッジをつけた北朝鮮の留学生が、帰国のフライトを待っていました。すると、酔った中国の労働者が彼をからかうのです。バッジを取ろうとしたり、「何だ、この貧乏人が」というようなことを平気で口にしたりします。彼らは金正日大学の優等生で、中国に留学している北のエリートだから、バッジを取られては困ります。それで抵抗すると、さらに侮蔑的な言葉を吐き始めます。「この貧乏人が。この乞食が」などと言うのを、周りも囃し立てて拍手をしているのです。

あのときばかりは、「北朝鮮頑張れ、拉致した日本人を全員帰せば応援するぞ」と思いました。

しかも、差別しているのは、ごく普通の中国人たちです。すべてというわけではありませんが、結局、彼らがチベットやウイグルの人たちを見ている視線というのは、あれと同じだと思いました。彼らは魯迅《ろじん》のいう「阿Q」そのものです。

今はロシアに対しても侮蔑感情を持っています。それを知っているのでプーチンは中国人が大嫌いです。プーチンは**KGBのトップだったから、中ソ対立時代の原イメージを引きずっている**のでしょう。野蛮で狂信的な中国人のイメージです。

中国というのはあちこちで、そんなことばかりしています。リビアのカダフィーが公然と中国を非難したように、アフリカでも嫌われているし、ベトナムでも学生たちが「中国出ていけ」などのデモを始めています。世界中で嫌われているのです。

まるで、白人の国家が昔やっていたことと同じことをやっているようです。

それもこれも豊かになってきたからです。はっきり言えば、中朝友好などと言っているのは建前であって、「自分たちの援助にたかる貧乏人」というのが本音なのです。「しかも生意気に核実験までやった」というのも気に入らないのでしょう。

隣に核があれば、中国も一方的に歓迎できません。金正日にしても、中国の核は自国を守ってくれるわけじゃないと思ったから、自分たちで造ろうとしたのです。

逆に言えば、**同盟国である北朝鮮でさえ、中国の核の傘を信じていない**ということです。そういうドミノ現象で核を持ち始めている世界の中で、日本だけが、黙ってアメリカの核のもとで、このままで結構ですと言っていていいのでしょうか。

そこで、言うべきことを恐れずに言う田母神さんの存在が、貴重になってくるのです。

北京の国防大学には、中国に散々文句を言った田母神さんの写真が飾られているそうです。行ったのはもう6年も前になるそうですが、その後、日本の統幕学校の研修団が毎年行って見てきているそうです。これも、信念に基づいて言うべきことを言う人が、国境を越えて一目置かれることの証左と言っていいでしょう。

3章

日本人の「中国音痴」が命取り

- 日本国民の中国嫌いに対する中国の警戒心
- マンションに盗聴器をつけるのは外国人に対する不信感
- 支配･操作される日本のマスコミ
- 大衆が反政府化する直前に反日デモを抑えた胡錦濤の危機感
- 反日デモで、日本企業も商売上がったり
- 外国企業に依存した中国の成長はもろい
- 地域、国民が繰り返し分断される悲劇の歴史を持つ中国
- 世界各国のチャイナタウンは中国人が同化しないから
- 2012年、中国はどうなるのか
- 中国成長のアキレス腱は「人権問題」
- 毛沢東の「10本の指でノミを押さえる」
- 今後は武器を使わずに戦う時代になる

日本国民の中国嫌いに対する中国の警戒心

青木

以前NHKで、上海では子ども服が3万数千着も飛ぶように売れているという報道がされたことがありました。これは**中国が大発展しているという、いわば中国を持ち上げるための報道**だったと思います。

しかし、最近ではそうした傾向に変化が出てきたようです。次第に、「日中友好一色」を象徴する番組は通じなくなっている焦りが感じられるのです。

たとえば、山崎豊子さんの原作のドラマ『大地の子』は、NHKとしては、売れるソフトであって、地上波、あるいは衛星でもよく放映されDVDも出ています。

しかし、それでも、5~6年前からピタッと放映しなくなっています。というよりはできなくなったと言うほうが正しいでしょう。その傾向を決定的にしたのが、2006年の中国での反日デモです。

視聴者の感情として、現実に起きているあのデモの有様を見れば、『大地の子』のような番組に反発の電話がかかってきて当然です。それが今の状況だと、NHKの内部の人も言っています。

中国が一番怖いのは、日本の内閣府世論調査で出てくるような日本の中国嫌いという結果でしょう。7割近くの日本人が「中国に親しみを感じない」と言っています。最近は多少回復したとはいえ、それでもまだ**半数以上は中国に不信感を抱いている**のです。

そういう意味で、日本政府があまりにも中国に媚びると、中国は逆に警戒心を持つのではないでしょうか。自分たちが失脚するとか、国民から反発を受けるのではないかという恐れを持っているわけです。

ですから、小沢氏と習近平《しゅうきんぺい》の会見にしても、本音では、必ずしも成功だと思っていません。日本の世論が、天皇陛下との1ヵ月ルールを無視したやり方に反発しているからです。中国としては、江沢民や胡錦濤の先例に倣わないと、中国のトップになれないと言われてその気になったのでしょう。しかし、無礼だという声が高いことに少々慌てているといったところでしょう。

中国政府は、日本人が中国に対してよくない印象を持ったり反発したりすることに対して、今とてもナーバスになっているのです。表面上強気に見せているのは、単なる国内向けのポーズにすぎません。

それが民主主義国家の怖さであって、**民主主義国家を相手にする場合、相手国国民の声を無視した外交は長続きしない**のです。その怖さから、中国政府は毒入りギョーザ事件の犯人を逮捕したのです。当初は、事件は中国ではなく、日本で行なわれたとまで強弁していた中国がなぜ変心したのか。

それは、**日本人の対中不信を解消して、何とか食品の日本向け輸出を拡大したかった**からです。リーマンショック以来、海外向けの輸出が伸び悩んでいますから、そうした実利面もあるのだと思います。

逆に言えば、田母神さんの次のような経験を伺うと、日本人の中に、親中国を明らかにすることに対する警戒心が生まれているような気もします。

それは、田母神さんが空幕長のときでした。中国の空軍参謀長を日本に招待し、胡錦濤と福田康夫首相が会食をしたときと同じ日比谷公園のレストランで夕食会をやってくれということになったのに、参謀長は来なかったのです。

理由を聞くと、戦後、中国の空軍創設に協力をしてくれた旧日本軍の林少佐らを中国大使館に招いて夕食会をやっていたと言うのです。じつは戦争が終わっても、**林少佐をはじ**

めとする何百人かが中国に残って中国空軍の創設に協力していたのです。

林少佐らが今どこにいるのか尋ねても、中国側は教えてくれなかったそうです。こちらで探そうとしたのですが、中国に協力したという気持ちがあって嫌なのか、後ろめたい気持ちがあるのか、ほっといてほしいということだったので、仕方なくあきらめたそうです。

マンションに盗聴器をつけるのは外国人に対する不信感

青木

中国は基本的に**外国人に対する警戒心が非常に強い国**です。たとえば、経済評論家の邱《きゆう》永漢《えいかん》氏が中国投資をずいぶん煽った頃がありましたが、彼がすすめた外国人専用投資用マンションは基本的に全部盗聴されます。

中国から墓石を輸入している社長がいました。その人は頻繁に中国に行くので、そのとき よく利用する上海の近くに外国人専用のマンションを買ったのですが、その人が私に、

「いやあ、青木さん、うちの電話出てみなよ。盗聴をやっているから」

と言うのです。受話器を耳に当てると、ガリガリガリガリとすごい音がしました。おそらく、マンションを造るときに埋め込んでいるのでしょう。

なぜそのようなことをやるのか。外国人が来て何を話しているのかを、定期的に記録しているのです。

しかも、おかしなことに、そのマンションの管理費がひどくいい加減なのです。中国の

投資用のマンションは、一部の超高級マンションを除けば、ネズミの駆除代まで管理費に入れているところもあります。

防犯システムもじつにいい加減です。ですから、件の社長は、南京錠を3つもつけています。管理費の積立金がいくらあるのかも、会計報告がないのでわからないそうです。これでは買った人からクレームがつくのは当然です。

それが嫌で怖いものだから、盗聴、監視を始めるのです。日本人からすればどうでもいいようなことを、日常的な監視の対象にするのです。私に言わせれば、本末転倒そのものです。

盗聴器だけではなく、**他人への監視体制は、中国では日常茶飯**になっています。田母神さんも体験されたようですが、これはと思う人間が泊まれば、必ずと言っていいほど、ドアの外には誰かが張りついていると考えていいでしょう。出入りを含めてチェックをしているのです。

それでも、これからは中国のマンションが儲かると考えて、投資の対象にしようという人がいます。たとえば、私はこうした中国のマンション情報を、『中国に再び喰われる日本企業』（小学館）に書いたことがあります。

それを読んだ76歳の人が、「青木さん、上海にマンション買おうと思っているんだけど、僕が買っても盗聴されますか」などと聞いてきました。「それはわからないから管理会社に聞いてみたら」と返事をしたら、聞いたけれど管理会社は教えてくれなかったそうです。公然の秘密とはいえ、秘密には違いないのですから、言うはずがありません。

このように、外国人が投資しようと思っても、中国側の思惑でまずいところはオープンにはされないという現実があるのです。

つまり、あの国は**すべてにわたって政治第一であって、経済の合理性だけで回っている国ではない**ということです。

支配・操作される日本のマスコミ

青木

日本国民の7割が中国を嫌いだと言いながらも、**経済のことを考えるとやはり中国は無視できない**国です。そういう意味では、「痛し痒し」というところでしょう。自分の生活が成り立たないと、好きとか嫌いとか言っている段階ではなくなるのです。

ですから、中国と商売していて実際に儲かっている人たちは、好き嫌いだけではなかなか難しいところがあります。

マスコミが批判的に報道すれば、自分の国をないがしろにしてまで利己的な行動をとる人たちは減っていくと思うのですが、マスコミはなかなか本当の話を書いてくれません。逆にマスコミも首根っこを押さえられています。

また、私のようなフリーランスは海外に行くとき観光ビザを使うのですが、マスコミ関係者には、中国外務省の新聞処が発行する取材ビザというものがあって、やはり、こちらのほうが広範に動けます。

しかし、場合によっては、記者に対してビザを出さないと脅してくることがあります。以前、中国瀋陽《しんよう》の日本領事館で、北朝鮮人の亡命者駆け込み事件がありました。通称ハンミちゃん事件などと言われています。

じつは、映像を流した共同通信社があのあと、半年間も中国の圧力を受けて取材ビザが出なかったのです。仕方がないので共同通信の記者はみんな、フリーランスが使う観光ビザで中国に行っていました。

ところが、この**観光ビザには、公安に夜中ガサ入れされるという怖さ**があります。夜中の2時ぐらいに中国の公安が10人ぐらいやってくるのです。オーストラリアの記者は観光ビザで入国していたために、ガサ入れされました。

共同通信社の件は最終的に、同社の社長が行って中国サイドに「反省」を表明して一応の解決はしましたが、このように向こうは常に報道内容をチェックしています。骨のある記者でも潰されることもありますし、尾行や盗聴は公然とやります。

あるいは、一般にはまったく知られていませんが、次のような事実もあります。中国を主にフォローしているジャーナリストや研究者の中には、奥さんが中国人という人がいるのですが、中国人の奥さんの実家や人間関係にプレッシャーをかけてくるのです。

「あんたの義理の息子が中国の悪口を書いている」

という具合にです。もちろんときには実家の盗聴もしています。こういう形で陰湿な嫌がらせをするのです。その結果、どうしても迎合的になってしまいます。

中国全土で今問題になっている行政機関の「地上げ」にしても、**反対運動をしている人々のマンションの隣には24時間公安がついていて、電話はもちろん盗聴**されています。

中国にとってまずい報道は絶対にさせないという精神的、物理的な圧力を必ずかけてきます。

私は仮にビザが出なくなれば、もっと書くつもりです。鄧小平《とうしょうへい》の娘さんが日本で何をやったかも書きます。中国と対抗するためには、こういうカードが必要なのです、つまり、抽象的な中国批判では対抗できないのです。中国の誰がいつどこで何をやったのか、日本企業からいくらワイロを取ったのか、それを具体的にやれば、必ず失脚します。

共産党の中には規律検査委員会という組織がありますが、これは党の査問委員会という役割を持っています。ここが**党員の日常生活や作風問題などの党規違反を調査**し、場合によれば、除名も行ないます。検査委員会にやられると、刑法で処罰される以上に政治的に死んでしまうのです。

大衆が反政府化する直前に反日デモを抑えた胡錦濤の危機感

青木

国の外交を考えるうえで、日本が、経済とリンクしなければ考えることができないということはないはずです。対外戦争に勝ったことがあるという意識があるからです。

しかし、戦争が終わって65年経た今、日米安保条約があり、しかも事実上軍事的に侵攻されることがなかったので、やはり自衛の意識は磨耗してきています。

たとえば、ある航空自衛隊の方が、「中国のことを僕たち中堅は敵だと思っているけど、上層部は日中友好です」と言っていました。やはり、防衛の背骨が入っていないと思わざるをえないのです。

これは、ある種のヌエ的な人たちが大勢いるからでしょう。たとえば、**いともたやすく軍事機密をペラペラ喋るような人たち**がいます。そのような人たちは、政治家も含めて中国がある種怖いという気持ちがある反面で、非常にセンチメンタルな日中友好のような意識に引っ張られて、それでやれるという考えも捨てきれません。

ですから、中国が数年前の反日デモのように、ある種の暴力性を見せてきた瞬間、こうした意識を反転させて急に危機感を持ち始めるのです。

反日デモと言えば、中国はなぜ反日デモをやめたのか。あれ以上放置すると、今度は国民のフラストレーションが共産党批判に向かうのを警戒したからでしょう。

現在のリーダーである胡錦濤は、清華大学水利エンジニア学部出身で文化大革命時代に青春期を送った人です。清華大学というのは、紅衛兵同士の内ゲバが一番ひどかったところで、死傷者も出ています。それだけに胡錦濤ら文革世代は、大衆がマスになって暴徒化する怖さを本能的に知っています。このまま放っておいたら、反日が反政府に変わることに気づいたのです。

思ったよりも反日デモが広がっていったことに警戒心を強めたに違いありません。たとえば、上海は日本人が一番多い都市です。ここで当時「日本人会」の代表をしていた三井物産の幹部は、**上海は日本人が一番多いし、日本企業が来て多くの中国人の雇用にも貢献している**のでここだけは大丈夫だと言っていたのですが、その翌日に反日デモが起きました。

デモ隊は当初1万人だったのが、20万人にまで一気に増えました。その20万人が皆、日本料弾で集まってきたとはとても思えません。職のない大学卒業者、内陸から出稼ぎに来た民工と呼ばれる農民らも多かったのです。いわば、社会に不満を持った人々です。

日本人の中にも、「日本はこれからも中国に対して謝罪して歴史認識をしっかりしていかないと、友好関係を築けませんね」などと言う人がいます。私に言わせれば、無知もはなはだしいとしか言いようがありません。

今中国人が本能的に恐怖しているのは「日本軍国主義」の記憶などではないからです。彼らが恐れているのは、**市場経済にふるい落とされるかもしれない**ということです。過去のことではなく、今の恐怖感であり、不安なのです。

かねてより、田母神さんも指摘していることですが、テレビに出演する人々は、ほとんど罪悪感を持っている人たちです。彼らは何も勉強せず、周りの空気に合わせて結論が事前に決まっている予定調和な発言ばかりしています。

さて、そこでもう一度、とても大事なことなので、上海の反日デモの話に戻ります。中国には、食えなくなった民工や大学生の失業者などが多いのです。

現在大学卒業者の就職率はほぼ5割です。それでもやっていけるのは、家族と一緒に住んでいたり、1人っ子政策の中、お父さんお母さんが共働きをしたりしているからです。

しかし、これから老齢化が進むとどうなるでしょうか。

大学生のうち5割という就職率にしても、共産党の幹部の子弟などは就職難とは無関係で、彼らは親のコネでいくらでもいいところに就職できるのです。

こうした繁栄の裏側にある不満や不平等、それに共産党支配に対する反発のようなものは、ちょっと火をつければいつでも燃え上がります。文化大革命がなぜ広がったかといえば、**国民の間に積み重なってきた長年のフラストレーションが暴発**したからです。

共産党がそれまで力で押さえつけてきたところに、毛沢東が「造反しろ」と煽ったので一気に火がついたのです。それと同じものが、反日デモの中にもあるのです。

反日デモで、日本企業も商売上がったり

青木

要するに、反日デモは、不満を外に向けて煽れば、内に対する不満が沈静化するという、**失政の責めを受けないために外に敵を作るという権力者の策略**です。しかし、反日デモの場合、最初はコントロールできても徐々にさまざまな思惑が出てきて、結局自分の首を絞めることになりました。

たとえば、こんなことがありました。上海の反日デモで日本領事館が襲われたあと、取材に行ったのです。領事館の写真を撮っていたら、公安警察がやって来て、私は連行されそうになりました。なぜ写真を撮っているのだと言うのです。

ここは喧嘩するしかないと思い、

「日本のテレビで散々デモの様子が報道されていたので、今はどうなっているのか見に来た。私は単なる観光客だ」

と切り出しました。その間に、中国は物見高いので、野次馬が50人ぐらいワーッと集

まってきました。そこで、

「あなた方中国人民の怒りは日本人にもよく伝わった。ただ残念なことに、あれだけのデモを見せられると、やっぱり中国恐いなあと思って、日本人はみんなもう中国にだけは行かないって言い始めている」

と言うと、みんな意外そうに「えっ！」という顔をしたのです。

これは結局、自分たちの財布の話になるからです。「これからどうなるんだろう」と言うので、私はさらに、「あれを見たら次は日本企業も撤退するよ」と言いました。すると、皆面白くなさそうに三々五々帰って行きました。こうした漫画のような話になったのです。

そこには、明らかに本音と建前があります。中国には、「小日本（シャオリーベン）」という「ジャップ野郎」と似たような日本人を差別した発言は山ほどあります。しかし、その一方で、現実には日本企業が来て、上海で現地の労働者を雇用して、観光にも来るとなると地元の景気はよくなります。

市当局は、**反日デモによって日本企業が来なくなると、当然税収は減る**し、雇用も確保できなくなります。とくに外国企業は労働条件が国有企業に比べて一般的にいいので、結局最後は自分たちの利益の問題になるのです。

田母神さんも現地の空軍少佐に聞いたそうですが、伊藤忠に勤めている奥さんの給料は、彼の3倍です。そんなに貰えば反日などと言ってはいられないはずです。

つまり、「反日」という観念と「実利」という現実のギャップがあるのです。ワーッと反日で騒ぐのはいいけれど、騒いだあと日本企業が来なくなった、投資も減りました、観光客も来ません。結局誰が困るのか。彼らが困るのです。一種のブーメラン現象です。

次のような例もあります。

東北の瀋陽で、アサヒビールが全部撤去された事件です。アサヒビールの社長だった中條高徳氏(現名誉顧問)が、「新しい教科書をつくる会」をやっているときでした。最初、アサヒビールが日本の右翼団体にカンパしているというデマがネットに流れ、中国のデパートにアサヒビールを置くなというビールボイコット事件が起きたのです。

じつは、その反対運動のバックについているのは、中国の民族系ビール団体でした。そこが**お金を出して政治的圧力をかけ、日本のビールを追い出し、中国のビールが入った**のです。

日本は反省しなければいけないなどと言っている日本人はこうした反日の構図を知ったうえで言っているのでしょうか。中国では政府も国民も「謝罪するならカネを出せ!」が本音です。日本に謝罪させれば、いくらでもカネが出ると思っているのです。

さらに犯罪的なのは**謝罪した日本人の側も、援助のおいしいところにちゃっかりと寄生しているこ**とです。たとえば河野洋平氏も、そして二階俊博氏もそうであって、彼らにとって「土下座は蜜の味」なのです。必ず見返りがあります。こういう政治家をＯＤＡの現場すら取材したことのない朝日新聞が、「彼らこそ日本の良心だ」と天まで持ち上げるのですから、何をかいわんやと言いたくなります。

外国企業に依存した中国の成長はもろい

青木

秋葉原に来るような中国人は、当然親日的です。そのような人たちに反日デモのことを聞くと、あんなのはほんの一部の人たちがやっていることだと言います。日本に対して基本的に「この野郎」という感情があるから火は付きますが、いつまでも続けられるほどの個人的な根深い感情があるわけではないのです。

多くの日本人は知らないようですが、中国ではそもそもデモは認められていません。デモは事実上全部禁止です。それなのに**当局は自分たちにとってプラスになるデモは愛国デモという形でやらせる**のです。ですから、まずここを疑問に感じるべきでしょう。デモをやれば普通は逮捕されますが、黙認されたデモは逮捕されませんから、みんなワンワンと寄ってくるのです。日本の領事館にペットボトルを投げつけたり、物を壊したりしても警察は逮捕しません。あれはやっていいぞというサインだからです。

あのデモの騒ぎを見たら、日本だけではなく、ヨーロッパの人々でも、「また義和団事件の再来だ」と感じてしまうのではないでしょうか。

その結果、対外イメージの悪さに、中国は困ってしまったのです。先ほども話題にしましたが、こんな恐いところはとても行けないということになって、上海の飛行機も全部キャンセル、旅行社の仕事など全部なくなってしまいました。修学旅行もみなダメになりました。

重複しますが、まずこの場合、具体的には何から儲からなくなるかと言えば、空港のタクシーにお客さんが来なくなります。土産物が売れなくなります。ホテルに人が来なくなります。そういう形でだんだんと波及していくのです。

ツアーの人が中国に行くと、向こうのガイドが土産物店に連れて行きます。あれは**買い物の50％がガイドにキックバックされるしくみ**になっています。つまり、日本人が来なくなるとガイドのバイトも半減するのです。

こうして見ていくと、**中国の成長が外部に依存した形の成長である**ことがわかります。外国企業が来て、なおかつ外国人が物を買ってくれるということが前提になっていますから、「中国は恐い」「中国より今はインドやベトナムのほうがいい」ということになれば、非常にもろいのです。

地域、国民が繰り返し分断される悲劇の歴史を持つ中国

田母神●

おそらく、倫理や正義を考えることはあまりない国民性なのでしょう。中国に哲学者がたくさん出ているというのは、結局国がずっと乱れているからです。誰も**盗む人がいなければ、人の物を盗んではいけないという哲学は生まれてこない**はずです。

青木さんが、魯迅が『阿Q正伝』を書いた気持ちがわかると言うのは、あれが中国人の姿だからです。

阿Qは革命だ革命だと大騒ぎをし、いともたやすく周りに乗せられました。その挙句の果て、結局潰されていきました。それに対して中国の大衆は何の反省もなく、何度でも同じことを繰り返します。

ですから、魯迅のような知識人階級は一番つらいと思います。知識人と大衆のギャップが非常に大きいからです。魯迅が『阿Q正伝』を書いたのは、中国の民衆はこうだけど、自分は1人の中国人として、あくまで中国の悪癖と戦うんだという決意表明だと思います。

中国は日本のように、ある種均一化した社会ではありません。なかでも都市と農村の2重構造はすさまじいものがあります。それは、中世と現代が同居しているかのようです。

それは、単なる貧しさが原因というような単純なものではありません。貧しくて国が乱れるというのなら、日本にも、ずっと貧しい時代がありました。しかし、これまでお話ししてきた中国に見るような、原始的なリアリズムで日本人は動いていないのです。

日本の場合、昔から殿様は領民の面倒を見るのが立派な殿様とされています。天皇は、領民の里からご飯を炊く湯気が昇らないのをご覧になり、今は租税を免除することにしたという国です。上は必ず下の面倒を見なければならないということが、当たり前のようにずっと続いてきた国なのです。そういう意味では**お上に対する信頼もあるし、国民は安心して暮らしてきた**と言えるでしょう。

日本のように、国民の生活が安定することによって、国民の安心感は得られるものですが、中国はもう常に不安なのです。いつどうなるかわからない怖さがあります。誰も面倒など見てくれない。上は下から搾り取るだけという構造は、ずっと変わらないからです。

そこには、上に対する信頼がまったくありません。それは、やはり中国の歴史の中で、ある日突然、異民族がやって来て、あっという間に征服して、今までとはまったく違う王朝ができたという、いわば悲劇の歴史の繰り返しが原因です。

それに比べ、日本は殿様がやっつけられても、その下の百姓の生活は何も変わらない。上が変わるだけなのです。中国では文化大革命のとき、毛沢東に次いで実力者の劉少奇《りゅうしょうき》が引き回されて殺されました。

劉少奇の娘はロックフェラー財団にいて、「新華僑」として祖国と関わっています。それは、いつ政治動乱に巻き込まれるかわからないためのリスクヘッジだったのです。

また、中国の太子党《たいしとう》という幹部の子弟たちの多くは政治の世界よりも、これから大きく発展するであろう経済の分野に行こうとしているという論評があります。しかし、青木さんが言うように、その理由は、政治が怖いからにすぎないのです。

政治に関われば、いつひっくり返されて刑務所に送られるかわかりません。毛沢東につぐ**No.2の実力者だった劉少奇は、最後は偽名でカビの臭いのするような刑務所で死んでいった**のです。

林彪《りんぴょう》にしても、飛行機が墜落して死亡ということになっていますが、おそらく実際は毛派の公安に一挙に踏み込まれたのだと思われます。しかも、その林彪を批判した江青《こうせい》はのちにどうなったでしょうか。もちろん粛清され、自殺に追い込まれました。

世界各国のチャイナタウンは中国人が同化しないから

青木

このように、中国の政情というのは、昨日まで天安門で手を振っていた人が、翌日は刑務所に送られて殺されるような世界です。それは生半可な世界ではありません。つい数十年前が現実にそうだったのですから、それを見れば、「よし、中国をよくするために政治家になってやってみよう」などと思う人がいなくて当然です。

そんなことをするよりも、自分たちが生きている間に海外でできるだけ金を稼いで、しかも**人民元ではなく、ドルかゴールドで持っておいて、外国籍をちゃんと取っておく**ほうを選ぶでしょう。彼らは、そこまでやって中国に帰ってくるのです。

中国評論家の石平《せきへい》さんも言っていました。彼は日本国籍を取ってから北京に行きましたが、私にこう言いました。

「青木さん、やっぱり日本のパスポートはありがたいよ。もうあいつら絶対に手が出せない」

しかし、問題に思うことは、**日本に帰化することが非常に簡単**なことです。たとえば、アメリカだと、「アメリカに忠誠を誓いますか」と誓いを立てさせられ、同じような書類をたくさん書かされるのですが、日本では何の調査もせず、住民票の移動とほぼ変わらないのです。

帰化の手続きをしたときの様子を石平さんは、次のように言っています。

「聞かれたのは、仕事は何だとか、ごく一般的なことで、はいそれでOK！」

「こんなに簡単に帰化できていいんですかね!?」

と、田母神さんに言うと、田母神さんは思わず、「こんな国ないですよ。ほんとに無防備だ」と言ったと石平さんから聞きました。

日本では今、**毎年4000～5000人ぐらいの中国人が帰化**しています。韓国・朝鮮やその他の国を合わせると最近では毎年1万5000人平均が帰化しています。このまま増え続けると、どうなるのでしょう。

その中には明らかに情報機関の関係者もいるでしょう。帰化して国籍が変わっても中国に利用される可能性があります。もともとそういう意図を持って派遣されて帰化している人もいるはずです。

さらに言えば、中国人は同化しません。世界各国にチャイナタウンというのがあるのは、中国人がいかに地域に同化しないかという表われです。

中国人は自分たちの**民族の歴史、伝統というものに対して、過剰なまでの誇りを持っているから**決して他民族に同化しないのです。チャイナタウンに行けば間違いなく、中華料理が食べられて、中国の衣装もあって、中国の漢方薬や中国の雑誌も手に入ります。

天安門事件のときに、趙紫陽《ちょうしよう》の長男と次男、息子2人に逮捕状が出たことがあります。日本から第3次円借款が入って、海南島《かいなんとう》のインフラが整備されることになったとき、彼らは開発地域になりそうなところの借地権を全部買い取ったのです。

つまり地上げを散々やって、懐《ふところ》を肥やしました。そのために中国政府から逮捕状が出たのですが、この2人はニューヨークのチャイナタウンに逃げ込みました。『ニューズウィーク』は、彼らのことを「黒いネズミが逃げ出した」と書いていました。アメリカにも、彼らをかくまう華僑のネットワークのようなものがあるのでしょう。

その後、権力闘争が終わって趙紫陽狩りも終わると、彼らも中国に帰れるようになり、数年前、監禁中の趙紫陽が亡くなったときには葬儀に出ていたようです。いずれにしても、海外の華僑のネットワークというものは今も十分に機能しているということです。

2012年、中国はどうなるのか

青木

中国はこれからどうなっていくのでしょうか。1つの節目は、2012年の次期党大会です。あと2年後ですが、ここで今の胡錦濤たち首脳部の顔ぶれが変わります。

胡錦濤の後継者としては、今のところ、習近平の名前が出ているだけです。ただちょっと危惧されるのは、習近平が軍事委員会の副主席になるのではないかと言われていた大会が去年の秋にあったのですが、結局なれなかったことです。これは、胡錦濤派が軍のポストを譲らなかったということになります。

でも、今回が初めてのケースではありません。以前、胡錦濤の前の江沢民が同じことをやりました。

中国においては、「党の総書記」「国家主席」「軍事委員会の主席」という3つの権力があります。総書記や国家主席には**5年の任期があって、連続して3期は認められていない**ので、いつまでも続けることができません。ところが、軍事委員会の主席だけ任期がないのです。

それで江沢民は、党の総書記と国家主席は胡錦濤に譲りましたが、軍事委員会の主席の地位は譲りませんでした。2年間ぐらいそういう不正常な状態が続きました。何と言っても軍事力が権力闘争の場では一番力を持っていますから、やはり江沢民は政治的影響力を確保しておきたかったのでしょう。

今お話ししたように、昨年秋に開かれた共産党の大会で当初の予想に反して、習近平は軍事委員会の副主席に選出されませんでした。このポストを手に入れれば、胡錦濤の後を継ぐのは間違いないのですが、成功しなかったのです。この背景には胡錦濤ら主流派との暗闘があったと言われています。

さらに、**胡錦濤は、江沢民時代と同じように、軍のほうは結局引退せず**に彼が握り続けるのではないかというふうに言われているのです。

また、中国における権力闘争というものは、必ず政策をめぐる「路線闘争」というものが背景にあると思っていいと思います。

共産党の路線は2種類あります。経済政策の1つは純然たる市場経済政策追求型で、中国版の「小泉・竹中」路線です。強いところをどんどん成長させていって、弱いところはもう淘汰させてしまっていいというグループで、習近平や太子党と言われる一派がそういう路線です。

沿岸部の地方役人もそうです。広東《カントン》では、工場などが潰れて経済危機に陥っていますが、習近平や太子党に言わせると、それでいいじゃないかと。潰れるなら潰れたほうがいい、強いほうに権力を集中させて、より大きくなればいいという考え方なのです。

もう1つは、胡錦濤や温家宝が今やっているように、**国内の格差をこれ以上拡大せずに、社会の安定を重視していこう**、という路線のグループです。貧しい内陸部はこちらを支持しています。

中国成長のアキレス腱は「人権問題」

青木

田母神さんが言うように、中国とアメリカの経済的な協力関係は、今に始まったことではなく、20年前にすでに存在しています。ですから、オバマ大統領は中国に行ったときに、「今後も一切中国封じ込め政策は採りません」と明言したのです。

オバマ大統領の異母弟《おとうと》は中国人と結婚していますし、そのお父さんはたしか深圳《シンセン》にいるはずですから、これは当然の宣言でした。

オバマが勝った大統領選挙のときも、中国問題はもう外交的テーマにはなっていませんでした。つまり、**ソ連と違って中国とは協調し、経済的利益を追求していくというメッセージ**なのです。

何よりも、中国にはあれだけ安い労働力があります。これは魅力です。

日本から玩具製作会社が深圳に行くと、中国共産党の地元政府が、内陸部から労働者を斡旋して手配してくれるのです。その中には、たとえば視力2・0の女性が大勢います。

そして細かい手作業でも、難なくこなします。

労働条件を見れば、中国版『あ、野麦峠』ですが、中国の経済レベルから言うと、彼女たちは貧しい内陸から都市に来て、映画を観に行ったり、ショッピングをしたり、ご飯も食べられるし、不自由なく都市の生活を送れるのです。

かつて、イギリスがパックス・ブリタニカという世界の覇権を握ったときには、**イギリス国内の工場には10歳ぐらいの子どもまで働くという、非常に劣悪な労働条件**があって、一方、海外にはインドという植民地を握っていました。

次に、今度はアメリカが覇権を握るときはどうかというと、**アフリカから連れてきた奴隷が安い労働力を供給**しました。そして中国は8億の膨大な農民のいる国内の「植民地」から安価な労働力を手に入れています。

これこそが中国躍進の「秘密」なのです。覇権を握る国のからくりは似ています。

経済的に言えば、中国はこの膨大な労働力が枯渇しない間は、一定の成長をする条件はあるということになります。

だからこそ、中国が一番怖いのは人権問題なのです。こういう労働条件はいかがなものか、などという問題提起をものすごく嫌がります。実際にそういうレポートを書いた香港や欧米のジャーナリストや学者は入国禁止になっています。

「中国人大嫌い、虫酸が走る」のような感情レベルで反発しているだけでは、中国は怖くも何ともないのです。むしろ、この21世紀の時代に、GDP世界第3位の大国だなどと自ら宣言しているのに、**成長のカラクリがじつは内陸の奴隷制にある**と非難されればそちらのほうがはるかにこたえるでしょう。

それは、対外的なイメージにとどまらず、中国国内における労使対立を煽ることになりますから、警戒します。

中国共産党は、労働者が党の管理を離れて自主的な組織を結成することを心底恐れているのです。

毛沢東の「10本の指でノミを押さえる」

青木

これまで、中国とはどういう国なのかということを述べてきましたが、最近のインターネットの情報などを見ると、過剰な警戒心を持つ必要はないと思います。

もちろん、中国に対して警戒心を持つのはいいのですが、過剰になりすぎて、**明日にも日本が軍事的に侵攻されるようなことを言うのはおかしい**と思います。今日のチベットの姿は明日の日本だなどと言うことは、運動のプロパガンダとすればありえても、どう考えても現実にそんなことはありえないのです。

いくら中国が、いろいろな形で日本の政治に影響力を持とうとしても、日本を軍事的に併合しようなどということができるはずがありません。

毛沢東の「10本の指でノミを押さえる」という有名な言葉があります。これは、「これ以上手を広げられない」という意味です。つまり、中華王朝というのは、常に周辺に膨張して結局最終的には滅びていきます。10本の指で押さえてしまったら、もうこれ以上ノミが出て来ても押さえる指がなくなるのです。

ですから、中国がミャンマーや北朝鮮などの隣国に対してさまざまな形でコミットすることは、中国にとってもリスキーなことではあるのです。異民族からの抵抗や反発があるからです。

それでなくとも、**チベットとかウイグルなどの、国内の少数民族が中国を手こずらせているの**に、さらに日本を軍事的に押さえようとしても、日本人みんながみんな中国様大歓迎などと言うはずがありません。

結局、常に中国は日本より強くて優越感を持っているということはなくて、これは、一種の情報戦なのです。現実に中国が日本に侵攻すれば、当然日本でも反中国の抵抗運動が起こります。それこそ加藤紘一や鳩山、菅などの政治家は、国賊として吊るし上げられるでしょう。

いずれにしても、これからは、大きな国同士が戦争するということはないのです。

今後は武器を使わずに戦う時代になる

田母神

今後は戦争ではなく、軍事力をバックに外交交渉で自分の言い分をのませるということになるでしょう。そのために、平時から思想戦や情報戦を仕掛けるのです。南京大虐殺などはまさに、そのいい例です。侵略したと言って日本を思想的に縛り、譲歩するような方向に追い込んでいくのです。

アメリカにしても、同じようなことをしています。たとえば、**真珠湾攻撃の前に、アメリカが先に日本を攻撃している**という証拠になる展示が中国側にあって、同じものがアメリカのスミソニアン博物館にあります。

その日付が中国側の展示では10月25日となっているのです。ところが、アメリカは日本の真珠湾攻撃を奇襲だと言わなければなりません。先に自分たちがやっていたということがばれると明らかにまずいので、表向き12月25日と真珠湾攻撃が終わってからになっているのです。そのあたりのアメリカのしたたかな謀略には、呆れるばかりです。

これは、明らかに情報戦争です。じつはその写真を撮って西尾幹二さんに渡したことがあります。

他にも、学生たちといっしょに盧溝橋の抗日戦争記念館へ行ったとき、展示物の横に説明書きとして「日本軍が中国人に対して毒ガスを使えと言った指令書」というのが飾ってありました。

それは**日本人に見せるために日本語で書いてある**のですが、よく見ると写真の中には、「中国人に危害が及ぶことのないようにせよ」と書いてありました。学生が私に「学校長これ、間違っていますよ、内容が違うから指摘しましょうか」と言うので「黙っとけ。日本人なら見たらわかるから」と言いました。あちらのやることは、万事こんな調子なのです。

4章

「親中民主」は売るに事欠き国を売る

- 中国進出のために靖国参拝に反対する日本企業の社長
- 目先の商売のために国を売れば、のちにもっと大きなマイナスが
- 引くに引けなくなった1000億円の巨大プロジェクト
- 大部分の国民は知らない「親中国派がしていること」
- グローバル化のもとでいかに国益を確保するか
- まだ「謝る民主外交」では等距離外交にはならない
- 日米中「正三角形」論のまやかし
- インド洋の給油70億円をやめて、アフガンへ4500億円出すという愚行
- ローリスク・ハイリターンの給油は国際貢献度も大きい
- 小沢の親中反米は「ロッキード事件」で米にやられた田中角栄の教訓
- 田中角栄失脚後、こうしてODAは始まった
- 幼稚な政治が長く続けばテロリズムの土壌が生まれる

中国進出のために靖国参拝に反対する日本企業の社長

青木

通称「国貿促」と呼んでいる「日本国際貿易促進協会」という組織があります。朝鮮戦争が1953年7月に終わりますが、その翌年の9月に当時の日本共産党が対中国貿易の支援・促進を目的として作った経済団体です。

国貿促は、中国共産党が日本共産党に資金援助をするための合法的な窓口とされ、主として中国の輸入物産を扱っていました。ソ連も多少はありました。

中国品の中で最も多く扱ったのは漆《うるし》です。なぜ漆かというと、中国産の漆は日本のものより質がずっといいらしく、製陶用としてとくに信州、長野あたりでかなりの需要があったのです。それ以外では、くらげなどの乾物を扱っていました。

日本の防衛問題を論じる際、何が深刻かというと、**日本の大企業が労働拠点あるいは新しい市場としてどんどん中国に進出し続けている**ことなのです。今の日本は、少子化などの影響でなかなか国内のマーケットが広がらず、景気が一向によくならない閉塞状況に陥っています。

加えて、**2006年からは、戦後一貫して日本経済の柱だった対米貿易を対中貿易が上回る**ようになり、米国から中国へという大きな貿易シフトがスタートするのです。

その結果、中国で商売をしている日本企業の多くに、「俺たちが中国でうまく商売ができるためには、小泉元首相のように靖国参拝などという問題で中国を刺激するような真似はしないでくれ」というスタンスが露骨に表面化されてきました。

元経済同友会代表幹事の小林陽太郎富士ゼロックス会長などはその代表格で、彼は、外務省の諮問機関の「日中友好21世紀委員会」の座長を2005年から2009年まで務めました。現在の座長は東京証券取引所グループ取締役会長を今年6月に退任した西室泰三氏で、彼は、元東芝社長・会長を歴任し、今は相談役です。

21世紀委員会は東京と北京にそれぞれあって、両国外務省の諮問委員会という位置づけですが、日本側のメンバーの顔ぶれや発言を見れば、完全にチャイナスクールの第5列です。

小林氏も委員会の席で、「要職にある政治家の、過激とも言うべき発言が不必要な感情的対立を煽っている。根本的な問題は、日本国民が過去の戦争の総括を自らの手で行なっていないことであり、A級戦犯に責任がないとすれば、では誰の責任なのか」と、小泉首相（当時）の靖国参拝を公式の場で非難しています。

これが、外務省の中国政策のアドバイザー機関のトップの発言なのです。その職にありながら、小林氏は富士ゼロックスの会長として、中国でのビジネスに関わっているのです。つまり2人とも、中国で金儲けしている企業のトップというわけです。

さらに言えば、彼らよりもっと露骨な経営者がいます。今のデフレ下でものすごく儲けている「ユニクロ」の社長柳井正氏です。彼は何と言ったか。

「小泉さんが靖国参拝して、うちの会社は潰れるかもしれない」

それだけにとどまらず、

「うちの会社が潰れたら、首相は責任を取れるのか」

とまで言い放ったのです。

最近、『週刊文春』がユニクロの中国国内における工場の実態をレポートしましたが、低賃金と労働条件はここでも『あゝ野麦峠』の世界そのものです。こうした女性工員たちを斡旋する共産党の地区委員会と柳井氏は、いい関係です。

彼以外にも、**国益よりも自社の利益が大事とする恥ずべき輩**が、日本にはたくさんいるのです。そういう財界人の手先になって動いているのが残念なことに今の政治家であり、外務省なのです。

まず外務省の代表的人物が有名なチャイナスクールのシンボルだった阿《あ》南《なみ》惟《これ》茂《しげ》氏で、彼は中国向けのＯＤＡにも熱心で瀋陽のハンミちゃん事件のときも「難民は追い返せ」と中国寄りの発言をしていました。

そして外務省を退任したあとは、外務省の諮問機関である「新日中友好21世紀委員会」のメンバーに就任しています。事実上の復活です。

阿南氏が官僚の代表なら、政治家の典型が先日政界を引退した河野洋平氏です。河野氏は、２０００年の9月から国貿促の会長です。その前の会長が橋本龍太郎氏。朝日新聞などは「中国に謝罪する良心的な河野議長像」をさかんに書きまくりましたが、とんでもないことです。彼は日本の良心でも何でもありません。

田母神さんもご存じのように、彼は、**日本が慰安婦を強制連行したというウソの公文書**を作って訴えられました。あの裁判は最高裁まで争われ、「虚偽公文書作成罪」ということになったのですが、「時効の7年が過ぎているから、罪に問えない」といった結論でした。もう少し早ければ捕まったかもしれません。

河野洋平氏は引退するまで衆議院議長をしていましたが、昨年8月の総選挙には出馬せず引退しました。それを受けて、朝日、日経、産経など新聞各紙は、彼にインタビューして回想録めいた記事を書いています。

しかし、どの新聞も例外なく、河野洋平氏が国貿促の会長として中国に行ってどんなことをしたかについては、一行も報じていないのです。『人民日報』は、彼のことを「国貿促会長」と堂々と1面に書いているのですから、どう考えても日本のメディアのこの対応はおかしいと思います。

いかに日本のマスコミの腰が引けているかを、物語っています。中国に対して、シビアな論陣を張ってきた産経新聞ですら報道しませんでした。しなかったというより、できなかったのです。

新聞に**定期的に広告を出しているのが中国に進出している大企業**だから、暗黙のプレッシャーがあったということでしょう。政治部の記者からも反対があったようです。

目先の商売のために国を売れば、のちにもっと大きなマイナスが

青木

金の力で牛耳られているといえば、小沢一郎氏がまさにそれです。彼は、国会をさぼって媚中派議員らを600人も率いて昨年12月に中国を訪問しました。日本の国会より、胡錦濤らと集団会見して中国の歓心を買うのが大事というスタンスです。

それを自民党が批判していましたが、果たして河野洋平氏のやってきたことを見れば、自民党に批判できる資格があるのでしょうか。

民主党議員143人を含む**総勢600人超が、航空機5便に分かれて大々的に北京入りをした**のは、河野洋平氏がそれまでしてきたことを大規模にしたというだけの話です。

民間人となった河野氏は、小沢氏らが中国に行く少し前の12月1日に国貿促の会長と、会員企業のトップ70人を引き連れて中国に行っています。

これは、日本が中国に放置したままにしているという戦時中の化学兵器問題の解決を進めるためです。中国側が「日本は、その問題解決のために何もやってないじゃないか。早

くやれ」とこのテーマを久しぶりに持ち出してきたのです。

政権が自民党から民主党に代わり、つまり政権交代があってからいったんは中断しました。金が出るかもしれない、という思惑が見え見えです。

ジャイカ（ＪＩＣＡ＝独立行政法人国際協力機構）の理事長緒方貞子氏も中国に呼ばれました。彼女も12月の初めに中国へ行っています。李克強《りこつきょう》という次期首相候補が出てきて、日本の新しい形のＯＤＡについて聞きたいということでした。

ジャイカは、これまではＯＤＡのうち無償援助だけやっていたのですが、２００６年の機構改革で、それまでの国際協力銀行に代わって円借款もやることになったのです。それで、新しい日本の援助システムについてブリーフィングをお願いしたいということで、中国が緒方氏を呼んだのです。

中国の狙いは明らかです。小沢氏の政治力で、**中国が今一番欲しい環境・省エネの最新のテクノロジー分野に強い関連企業を中国に進出**させ、さらに、そこに廃止されたはずの公的資金つまり円借款をつけさせたいのです。

もちろん、商売人が商売をやるということを私は否定するつもりはありません。しかし、国の安全保障の問題との兼ね合いはどうなのでしょう。靖国神社問題など、日本人の正統なナショナリズムの分野にまで踏み込んで非難するというのはなぜなのか、という重大問題があります。

国民の代表たる総理大臣に対して「靖国神社への参拝はやめてくれ」とまで言うのは、いくらなんでも無礼ではないかということです。それは、企業人が言うべきことではありません。彼らは**国民に選ばれた政治家ではなく、単なる一《いち》ビジネスマンにすぎない**のです。

中国に進出している日本の企業人は、いつの間にか洗脳されてしまって日本人ではなくなっているのです。儲かりさえすれば、何でもやるという情けない人間になり下がっているのです。

中国に工場を建て、安い賃金で原価の安い製品を作ることで一時的に日本が富んだとしても、そうやって日本人の魂を売るようなことをし続けていくと、長い目で見れば大きなマイナス面が出てきます。そういうことがわからないのでしょうか。

私はこの件で富士ゼロックスと日本ＩＢＭに取材を申し入れたのですが、「忙しい」という理由で逃げまくるばかりです。「じゃあ、いつなら空いていますか」と尋ねると、返事をはぐらかすのです。しまいには、「取材は勘弁してください。事情はおわかりでしょう」と秘書が言い出す始末です。

彼らは今喋ればどういうことになるか、骨身に沁みて知っているということです。自分たちが言ったことが大々的に表に出ると、抗議の電話が鳴りやまず、国民の怒りを買うということをよくわかっているのです。

繰り返しますが、大手のメディアも、大企業がスポンサーになっているので、そこのところは書かないという暗黙の了解ができています。

しかし、事情は中国も同じなのです。彼らも小泉元首相が靖国神社に参拝したときは、とても困ってしまいました。民衆の間に**反日ナショナリズム感情が高まると、中国政府にとっても有利な商談が逃げてしまう**からです。

靖国神社騒動のときの中国の外相は唐家璇《とうかせん》というのですが、彼が昨年出した回顧録があります。その中で当時を回想して、「1972年の正常化以後、小泉時代が最悪の関係だった」と書いています。

本の中で福田官房長官が唐外相に「これ以上中国が靖国問題で日本にあれこれ言うと、日本国民の中に、中国に反発する大規模なナショナリズムが膨れ上がる。そうなれば事態はもっと悪くなる」と言っているのです。

これこそが、日本と中国の両国政府が警戒していた事態なのです。これだけ中国に謝罪し、世界一中国を援助して、ODAだけでも6兆円です。それでいて、国民の代表である総理大臣が靖国神社に参拝することまで**中国の政府からもデモ隊からも非難糾弾される日本を目撃して、ついに日本国民は切れた**のです。

私はこれは極めて正当な感情であり、姿勢だと思います。面白いのは友人で親中国系の学者がいるのですが、彼がこう話すのです。

「俺は首相の参拝には反対だったたが、さすがにあそこまで中国にぼろくそに言われて干渉されて、それでも小泉が行かなかったらもう日本人を辞める」

胡錦濤たちは「日本国民の怒れる正義の声」を聞くべきでしょう。

引くに引けなくなった1000億円の巨大プロジェクト

青木

日本企業の話をさらに進めたいと思います。森ビルの話です。森ビルが上海に建てた「世界金融センタービル」は総工費1050億円。これは日本企業の中国プロジェクトの中では最大級です。王子製紙が中国国内での2000億円の植林プロジェクトを開始するまでは、世界金融センタービルが一番大きなプロジェクトでした。

じつはこの森ビル、さまざまな理由からいつまで経ってもお金ができなかったために、ずいぶん上海からいじめられたのです。

しかし、そうした事実をどの新聞社も書きませんでした。じつは**センターの建設地は年に6センチも地盤沈下している場所で、上海市内で最も地盤が弱い**のです。

1000億円ものプロジェクトにもかかわらず、当の森ビルは、私が取材で質問するまで地盤沈下のこともまったく知らなかったのだから呆れてしまいます。

じつは、あれはもともと竹下登氏がやらせた「政治ビル」です。江沢民が上海出身という経緯もあり、竹下氏のバックアップで海外協力基金から公的な融資がつきました。

日本政府は上海の浦東《ほとう》空港にも300億円の円借款を供与していますが、これも同じ時期でした。江沢民らは、日本のODAで上海開発をやろうとしたのです。

中国では、土地はあくまで共有制です。ですから借地権だけを買うのですが、あそこは中国でトップクラスの高さです。ですから森ビルにとって、借地料の負担が重かったようです。だから、一時は撤退しようという話もあったのです。

最初に建設に関わったゼネコンは、清水建設でした。ところが、地面を掘ったら水が湧いてきたので、「そんな話、聞いていない」と関係者は慌て、最終的には逃げました。清水建設だけでなく、日本のゼネコンはみんな手を引いたのです。

結局、その工事は中国のゼネコンがやりました。2年前に完成しましたが、森ビルのメインバンクであるみずほ銀行は、リスクが高いという理由で融資をしませんでした。よほどひどい評価を下したのでしょう。みずほ銀行に代わって、三菱東京UFJ銀行と中国の銀行が融資しています。そんなこんなで、**上海の世界金融センタービルは相当無理をして完成したのです**。

にもかかわらず、撤退は日本の外務省と上海の総領事館が許しませんでした。「今ここで逃げたら外交問題になるから、何としてもやってくれ」と半ば懇願し、半ば脅迫して、あのビルは建ったのです。

ひどいエピソードは、他にもまだあります。森ビルが資金問題からいつまでも工事をやろうとしないので、2001年の上海APECのとき、**更地のまん前に上海市政府が「鄧小平語録」の書かれた看板を立てた**のです。そこには「ぼやぼやするな。開発を急げ」とあったのです。

そこで私は、森ビルの広報に「お宅に間接的に命令しているんじゃないの」と聞いたのです。すると、「そんなことはないです」と否定するので、「どう考えても、嫌がらせとしか思えないじゃない」と返したら、「鄧小平語録は中国のどこにもあります」と弁解しました。

「でも長期間開発がストップしていて、しかもこんなことが書いてある物件は、ここしかないですよ」と私が皮肉ったら何も言わなくなりました。中国側を罵倒するような本音を口にし、それが記事になってバレたらどんな嫌がらせを受けるかわからないから口を閉ざしたのでしょう。

森ビルの別の関係者に取材したら、明らかに嫌がらせだと言っていました。本社のほうは、下手なことを言って中国を刺激するのが怖いし、中国大使館から「何を言いました？」と聞かれるのも怖い。だから、わかっていながら認めようとしなかったのでしょう。中国にすれば、外国企業の誘致は開放政策という国策ですから、とにかく事実を表面化させないようにと、必死で圧力をかけまくったのです。

森ビルの工事が遅れたこともあって、世界金融センタービルが完成する前に、向かいには、ハイアットホテルなどが入った金茂《きんも》大廈《たいか》（ビル）という超高層建築がすでにできていたのです。金茂ビルは中国の経済産業省系の傘下企業が建てたビルですが、これが金融センターの前に建ったので、上海のバンド（海岸通り）が見えなくなったのです。そのせいで、さらに建物の高さをアップせざるをえなくなりました。

こうして、さんざん嫌な思いをして造った上海の森ビルですが、2年前の完成直後ですら、**テナントの入居は50％ぐらい。半分は埋まっていません**でした。

金茂ビルも、2年前に中国の大手造船会社に買収されています。2008年のリーマンショック以後、明らかに流れは変わっています。景気はよくありません。仕方がないので、日銭稼ぎに、阪急観光など日本の大手旅行社とタイアップして、上海に来るツアー客に眺望のいい最上階で食事してもらっているそうです。

大部分の国民は知らない「親中国派がしていること」

田母神

元自民党幹事長で、政界を引退した野中広務氏の秘書だった人と何度かお会いしたことがあります。私は、野中氏は共産党と同じ考えの人だと思っているので、「共産党の野中先生は元気ですか」というジョークをよく言っていました。

たとえば、私が航空自衛隊小松基地司令をしていたときに、舞鶴の海上自衛隊基地所属の第3護衛隊群でCIWSと呼ばれる機関砲の弾が2発不時発射で舞鶴の山に飛んでいったことがありました。

当時の護衛艦隊司令官は、とくに被害もなかったので司令官のところで報告を止めていたのです。ところが、のちにこれを官邸に報告していなかった、隠蔽をしたという問題になり、**当時の実力者野中広務氏により、護衛艦隊司令官などが更迭される**ことになりました。

この出来事の真相は、掃除をしているときに、運悪く、銃身に2発残っていた弾が発射されて雪山のほうへ飛んで行ってしまったというだけのことだったのです。それが、隠蔽をしたと騒がれてから海上自衛隊は上を下への大騒ぎになって、隊員を何百人いや何千人も動員して弾を探させたということでした。

小松基地周辺の人たちもマスコミの報道でこれを聞きつけて、大きなミサイルが飛んで行ったと勘違いして、「弾の大きさはどれぐらいか。3メートルか5メートルか」と私に聞いてきたのです。

飛んで行ったミサイルがいつ爆発するかもわからない状況でこれを隠すとは何事かというような雰囲気でした。

私は「飛んで行ったのはいわゆる鉄砲の弾で単なる金属の塊です。大きさは7～8センチぐらいです」と言うと、皆さんはそんなものを雪山に探しに行っても見つかるわけがないではないかと言っていました。これが普通の国民感覚です。

護衛艦隊司令官も何ら安全上の問題はないと判断し、こんなことをいちいち総理に報告する必要はないと考えて、報告は自分のところで止めておいたのです。あとは2度とこのようなことがないように、部隊を指導しておけばすむことです。

しかし野中氏のような**反自衛隊意識を持つ人間は、もともと自衛隊は何をするかわから**

ないと思っているようです。ですから、こんなつまらないことを問題にして、やる気満々の司令官を更迭したのです。

彼のやったことは**自衛官の任務遂行意欲を失わせ、自衛隊を弱体化しただけ**なのです。結果として何も起きていないことをことさらに取り上げる必要などないのです。自衛隊のミスは小さなミスでもとんでもないことをしでかしたと言って、自衛隊を貶《おとし》めるのです。

日本人に向かっては文句を言うくせに、中国の政府要人には何にも言わないところを見ただけで、その人間のいかがわしさがわかるのではないでしょうか。彼らは中国に対しては、借りてきた猫のようです。

グローバル化のもとでいかに国益を確保するか

青木

民主党が早くも混迷し、自民党は元気もなければ求心力もありません。「わが日本はいったいどこへ行くのか」と国民の不安が高まってきました。

皮肉な言い方をすると、攻撃できない中途半端な軍隊しか持っていない国ですから、混迷はむしろふさわしいのかもしれません。

今も表面化しつつあるのは、**政治の危機ですが、じつは国家そのものの危機が近づいている**のです。中国の間接侵略的な言論弾圧のようなものがあり、その結果、日本の政治が壟断《ろうだん》されて、安全保障の問題が語れなくなりました。

もちろん、国益ということを考えずに、自分の利益のために動いている輩が多数跋扈《ばっこ》しているということもあります。しかし、そのことよりも、国益の問題が等閑視されているその構造をきちんと見極める必要があります。そうしないと大変なことになります。

経済を中心にしてグローバル化が進んでいる中で、どうやって国益を確保していくか。

ここには日本の文化や歴史、そして安全保障などさまざまな問題が含まれます。「日本の安全保障の問題を抜きにして国益は語れない、このことを中国に進出している日本の企業は忘れている」と、声を大にして言いたいのです。

財界のほうも、これまでは労働組合とか社会主義勢力が、資本の暴走をチェックするような役割を担い、それなりの抑止力がありました。しかし、そういうものがなくなったり弱体化することにより、良いにつけ悪いにつけ、経営者にそういう恐怖感がなくなりました。

ある意味で、露骨なほど資本の利益だけが追求される時代になったと言えます。もう一度、帝国主義の時代が戻ってきたという印象です。かつての修正資本主義と違って、グローバリズムというのはストレートに経済的な利益を追い求めます。それだけに、そういう**資本の暴走に対して、政治家も、国益とは何かということを、襟を正して考えなければならない**のです。

にもかかわらず、考えることといえば利権を手に入れることとか、私腹を肥やすことばかりです。その挙句、中国にすっかり取り込まれてしまい、完全に骨抜きにされ、何も言えなくなっています。これでは日本は、混迷から脱することができるはずがありません。

まだ「謝る民主外交」では等距離外交にはならない

田母神

「中国とアメリカ、どっちと組めばいいか」という究極の選択問題では、私は「やっぱりアメリカ」と答えるしかないと思っています。

そのアメリカも、日本を利用するだけ利用しようとしているから油断はなりません。だから、われわれ日本人は、常に国益を最大にすることを考えて対処すべきで、**同盟国のアメリカに対しても、必要とあらば中国をカードとして使う必要**があります。

中国とつきあうなら、アメリカをカードに使えばいいのです。しかし、日本はそういうやり方をしません。ただただ誠意を尽くすという、極めて愚直な外交姿勢が日本のこれまでの特徴です。これではまるで、私が結婚したとき、女房に対したような態度です。

当たり前のことですが、自分の国は自分で守るということができないと、外に向かって強い発言はできません。「日本は自主的に決めた」とか「自主的に行動している」と立派なことを言いますが、現実はどうでしょう。最終的にはすべて、アメリカの言うとおりにしかなっていません。日本の言う自主性とは、「自主的にアメリカの言うとおりにすることに決めた」という程度のことでしかないのです。

口では「対等だ」とか「パートナーシップだ」などと耳ざわりのいいことを言いますが、「自分の国は自分で守れる体制」を確立してからでなければ、アメリカをはじめ、世界各国に対して真の意味での対等発言などできるはずがありません。せいぜい小学生が、親に向かって「対等だ」と言っているようなものです。

しかし、頭を切り替えたから、一足飛びに日本が諸外国に対して堂々と、胸を張って「対等だ」と言えるというものでもありません。10年、20年という歳月をかけ、体制を整えてからのことです。そうなるまでは、アメリカの言うとおりにするしかありません。

また、アメリカとの関係が悪くなると、中国が「日米離間」をさかんに工作しますから、**外交交渉では日本は中国の思惑どおりになる**ことが多くなります。そして中国が介入してくると、日米関係はもっと悪くなります。

ですから、日本がアメリカと対立する案件に対しても、中国に好きなようには言わせない体制になっていないと話になりません。そこまで考えていなければならないのに、日本の政治家の感度の鈍さは驚くばかりです。気づきもしません。

中国は2020年までに原子力空母2隻を含む4隻の空母を持つと公言しているのに、日本は「ああ、そう」で終わりです。

アメリカから見れば、「『対等』と発言するのは、もうちょっと自立してからにしろ」と、釘を刺したくもなるでしょう。

鳩山前首相は、「日本は最終的にはアメリカの言うとおりにしかなっていない」ということを次第に肌身で感じてきて、「これではいけない。もっと対等の立場に近づけるべきだ」と内心思っていたのかもしれません。それがあの一連の発言になったのだと思います。しかし、所詮彼の言う「対等」は、感覚レベルでした。

今の日本は、アメリカにヘソを曲げられたら終わりです。まず情報が入ってこなくなります。情報が入ってこなければ、戦闘機も動かなくなります。現在の**兵器システムの半分以上はソフトウエアで、いろいろな仕掛けが可能**です。10年したら動かないようにすることすら、簡単にできます。

武器システムを輸出するということは、輸出相手国を相当支配することができるということです。製造国アメリカの支援が得られなければ、日本の戦闘機などはすぐに動けなくなるのです。

ですから、多くの国が金儲けの他に、相手国への影響力を行使しようとして兵器をよその国に売りたがるのです。売れば相手国をコントロールできます。ところが、**日本は兵器を売って相手国をコントロールするということはしない**としています。こんなバカな国は、世界中に類がありません。

こうした弱腰の外交の象徴が、いわゆる「謝る外交」です。たとえば、鳩山前首相が10年ほど前に金沢で講演したとき「日本はちゃんと謝らないから悪い」と言いました。すると、聴衆が、「何を言っているのだ、あなたの歴史認識はおかしい」とヤジを飛ばしたのです。そうしたら、絶句して立ち往生してしまったという話を聞きました。本当にヤワなおぼっちゃま総理大臣でした。

昔、小沢一郎氏が自民党の幹事長をやっていた頃は、こうした外交をしなくてすむような国づくりを目指すまともな政治家かと思っていました。それは、彼の息子が一般の大学から幹部候補生として海上自衛隊に入り、しばらくいたのでそう感じていたのですが、じきに辞めてしまったのです。今は小沢氏のところにいるのではないでしょうか。

日米中「正三角形」論のまやかし

田母神●

民主党副代表・山岡賢次氏の、「日米中正三角形」論議というのがありますが、これは相当中国に肩入れした発言だと私は思っています。日本が独立したちゃんとした国ではないということが、わかっていないのではないでしょうか。

敗戦以降の日本は「半人前」なのです。軍事的にはいまだに「アメリカの紐つき国家」状態から脱しきれていないのが、残念ながら日本の現実なのです。

そういう意味では、情報、エネルギー、食糧などの問題も大事ですが、憲法改正も大事です。アメリカに押しつけられた憲法ではなく、日本人の日本人による日本人のための真の自主憲法を一日も早く制定して、自前で自分の国を守れるようにしなければなりません。

日本人の平和論には**平和でありたいという主観的な願望だけはあるのですが、まともな周辺国の軍事的な分析の裏づけがない**のです。

たとえば、日本人の願望を裏切るかのように、現実に中国軍は、鳩山前内閣の誕生と並行するように、日本の領海に公然と姿を見せ始めています。

日本には**集団的自衛権とか非核三原則といった自分の手足を縛っている諸々の制約**があっても、アメリカの核の傘の下で一応安全が保障されてきました。ですから、軍備費にお金を使わずにすみ、経済大国にはなれました。

しかし、冷戦が終結して以降は、アメリカは日本に経済戦争を仕掛けてきています。中国の脅威もあります。昔と今とでは日本を取り巻く状況が完全に変わっている、ということに気づかなければなりません。

安全保障については自前では何もできない状態で「正三角形」などと言えば、中国からも笑われてしまいます。「そういうことは、まず自分の国は自分で守れるようにしてから言え」ということです。アメリカ人も、「日本は何を言っているんだ。子どもの分際で親に向かって何を言っているんだ」と思っているはずです。

しかし、アメリカは正面きっては怒りません。おそらく怒っても仕方がないと思っているのでしょう。お互いが対等でなかったら正三角形にはなりません。二等辺三角形か、あるいはいびつな形の不等辺三角形というのが現実です。

アメリカは民主主義国家ですから、日本が人権弾圧を受けるなどといったことが起きる懸念はありません。ですから、前にも言ったように、「アメリカの属国になるか、中国の属国になるか。どっちか選べ」と言われたら、アメリカの属国になるほうを選ぶしかないのです。中国を選んだら、日本もチベットのような国になるということです。

国土交通大臣の前原誠司氏は、そのあたりの現状を踏まえて、山岡氏が正三角形論を口にするのを聞いて危機感を覚えたようです。テレビ番組の『報道2001』で「そんなことを言うのはおかしい」と発言しました。

前原氏は、「日本にとってのアメリカは、自国が攻撃を受けた場合に守ってくれる唯一の同盟国であり、特別な国だから、そのアメリカを中国と同等に扱うのはおかしい」と言っていますが、これは正当です。

しかし、形の上では、日本が攻撃を受けたらアメリカが助けてくれるということになってはいますが、実際にアメリカが動けるかどうかは別問題です。たぶん動けないと思うのです。

なぜなら、アメリカはいろいろな国と安保条約を結んでいますから、**もし日本と韓国がぶつかれば、どちらにつくのか**という無視できない問題があります。アメリカは、両国と安保条約を結んでいるのです。どちらの国が大事か、というプライオリティが問題になってくるということです。

アメリカの国債を一番多く保有しているのは、中国です。これを切り札にして、「もし日本を助けるのなら、全部売るぞ」と揺さぶりをかけられたら、アメリカはお手上げではないでしょうか。

しかも中国は核を持っています。それこそいざとなったら、北朝鮮のように、「日本を助けるなら、ホワイトハウスに核ミサイルを撃ち込む」と言うかもしれません。靖国問題や教科書問題を考えると、中国という国はそういうことも言いかねません。

アメリカがその手の恫喝に耐えられるかどうか。「中国からそんなことを言われる危険性があるなら、日本を助けるのはもうやめろ」ということになりかねないのです。

抑止力という点では日米安保は大事ですが、その抑止力が脆弱化したり破綻したりしたとき、今のままでは怖いのです。ですから**日本は、自分で自分の国を守れる状態を目指さなければいけない**と、私は繰り返し言っているのです。

インド洋の給油70億円をやめて、アフガンへ4500億円出すという愚行

田母神●

あるところで先日、「中国が攻めてくるのではないでしょうか。攻め落とされて、チベットやウイグルみたいになるのではないでしょうか」と真剣に質問してきた若い人がいました。私は、「自衛隊という常備軍が日本にはあるし、日米安保もあるし、いざとなると国民が団結するから大丈夫だ」と答えました。

しかし、これからの**日本を背負って立つ若い人に、国がそういう不安を与えている**のは大問題です。「国民よ、団結して頑張ろう」と総理大臣が熱っぽく言えば、日本人は、本当はまとまるのです。

日本人はバカではありません。それなのに、そういう危機感を常に煽らないように語らないようにしてきました。それが戦後日本の歪んだ政治の姿なのです。

危なそうなことは「見ざる聞かざる言わざる」でずっと通してきました。今の自衛隊の上層部は、公然と反旗を翻すようなことは言えないでしょうが、心の中では皆わかってい

ると思います。

インド洋での自衛隊の給油撤退の話ですが、インド洋上での給油は、ローリスク・ハイリターンなので、撤退はマイナスです。給油をきちんとやれる技術を持った国は、日本しかありません。よく言われる「隊員が死ぬ可能性」などほぼゼロに近いのです。日章旗を立てて給油するから、「日本がやっている」ということもよくわかります。

アメリカのような大国には給油は必要ありませんが、パキスタンなどの発展途上国は、ただで船が動くのですからそれは感謝されます。

しかも、**海上自衛隊の幕僚たちが米軍司令部の作戦会議にいつも参加する**ことができます。ですから、超一級の最新情報がどんどん入ってきます。ところが、撤退したらもう出入りできなくなって、中東の情報がまったく入らなくなります。

アメリカは極めてドライな国ですから、参加している国には自由に情報を公開しますが、参加してない国には一切見せないのです。

費用は1年間に70億円程度です。それくらいですんでいたのに、それをやめてアフガンに4500億円出すというのです。いったいどういう経済観念をしているのでしょう。そんな金があるのなら、国内の不況対策に回してほしいと思います。

また、給油は国際貢献と言っていますが、どこの国も一番安全なところから始めるので、日本のように遅れをとると、一番危険なところしか残っていません。日本は遅いからいつも危険なところになります。しかも無防備で行けというのです。

そういうことだから、「君らには行ってもらうが、絶対によその国の軍と同じような行動をするな。武器を使用してはいけない」と訓話するしかありません。これは世界の常識から言えば、とんでもない話です。行かされる者もたまったものではありません。

ですから、「絶対死ぬなよ。死なないで必ず帰って来い」と言って送り出すしかないのです。賄賂が日常茶飯の**アフガンに4500億円出しても、どこへ消えるか**わかりません。そういう事実すら世間の人は知りません。というより、知りようがないのです。

ローリスク・ハイリターンの給油は国際貢献度も大きい

田母神

鳩山前首相が「給油はコストパフォーマンスが悪い。無駄で意味がない。役に立っていない」というようなことを言っていました。

民主党はどうしても給油をやめさせたかったから、そんなことを言ったのでしょうが、**首相は国軍の最高指揮官**です。そういう人が、いくら何でも「君たちが5年間やったことは、ほとんど役に立っていない」などと言うのはあまりにも嘆かわしいことです。

さらに鳩山氏は、自衛隊の高級幹部会同において、言うに事欠いて、ずらりと居並ぶ自衛官を前に、「**戦後、平和を維持できたのは、アメリカのお陰**だから、アメリカに感謝しなきゃいけない」などと説教しました。

こんな常識を欠いた挨拶があるかと腹が立ちました。「米軍が日本の平和維持をしてきた。諸君ら自衛隊は役立っていない」と言っているのと同じです。「ありがとう」の一つも言って、多少なりともリップサービスするのが普通、というより礼儀です。

そこまで空気が読めない人ですから、アメリカからも猛反発を受けたのです。

また北澤防衛大臣は、「皆さんが外に向かって意見を発表するときは、逐一、大臣とか政務三役の許可を受けなければなりません。これがシビリアン・コントロールです」と言い放ちました。

知る人ぞ知る、北澤氏は有名な中国ビジネスの仲介者で、彼の選挙区は信州という関係から、地元の実力者羽田孜《はたつとむ》氏の派閥に入っています。この羽田氏や小沢氏が、中国政府との間に持っている交流ルートが「長城計画」という交流事業です。そして彼は、ここを通してしばしば地元選挙区の実業家を引き連れ、中国へ行っています。

いわば、その場で商工人たちの中国政府への要望を取り次ぐのが仕事なのです。彼の後援会にはこうした企業がじつに多くあります。なんと**現防衛大臣の正体が、中国ロビイストだった**のです。

自衛官はこの事実を、よく知っておくべきだと思います。

自衛官は日本各地に大勢いて、彼らが講演や執筆を頼まれるケースは、世間が思っているよりはるかに多いのです。そういう要請に応えるのに、いちいち政務三役や防衛大臣にお伺いを立てなければならない国がどこにあるか、と言いたいぐらいです。

外部から依頼を受けた上司や部隊長が部下に、「君、この講演会に行ってくれ」とか、

「このテーマで書いてくれ」と命じる場合もあります。そういうときも、防衛大臣の判断を仰がなければならないとでも言うのでしょうか。業務が停滞するだけで、講演依頼などには現実的には対応できなくなってしまいます。

自衛隊には、職務に関することを部外に発表する場合は上司に届け出るという緩やかな規定がある場合もありますが、北澤氏の言う「シビリアン・コントロール」は完全に履き違えています。それは「検閲」です。それこそ国会で問題になります。

会社でも県庁でも、上司や部門長の許可があれば普通はOKです。何でもかんでも社長や知事にお伺いを立てなければならないというのは、共産主義国家です。

先ほども話しましたが、北澤大臣は、**中澤連隊長の当たり前の発言でさえ過敏に反応して更迭処分にする**人です。頑張っている部下を守るべきなのに処分するのは、「国のために一生懸命頑張ることはない。問題を起こさないことが大事だ。私が防衛大臣である間は問題を起こさないでくれ。そのために、自衛官たちが任務遂行意欲を失おうが、自衛隊が弱体化しようがかまわない。マスコミから叩かれるようなことだけはしないでくれ」と言っているのと同じなのです。

小沢の親中反米は「ロッキード事件」で米にやられた田中角栄の教訓

青木

小沢一郎氏は、尊敬する田中角栄氏のやり方を引き継いでいますから、天皇の国事行為への認識も、当然同じ考え方です。田中角栄氏もやはり皇室に対する敬愛の念など少ない人でした。歴代の首相の中で、最も薄かったのではないでしょうか。

理由は戦争体験からきていて、天皇陛下の名のもとに赤紙で引っ張られたという思いがあります。彼は職業軍人ではありませんから、**良いにつけ悪いにつけ田中角栄というのは戦後の民主主義が生んだ政治家**なのです。

その影響の大きい小沢氏が親中、反米的なのは、やはりロッキード事件のせいと言わざるをえません。

1976年2月にロッキード事件が発覚して、田中角栄氏が7月に逮捕されます。

東京拘置所に入り3週間で、保釈で出てきます。拘置所の前から高速道路に乗って、目白邸で降りてくるのですが、ハイヤーの中には、秘書の早坂茂三氏と田中氏の弁護団の何人かが田中氏と同乗していました。

私は、その複数の人たちに話を聞いたのですが、田中氏は車に乗ったとき、第一声として「くそ！　アメリカにやられた！」と言っているのです。田中氏の認識としては、そうなっています。

目白邸に着いた田中氏を、二階堂進氏や橋本龍太郎氏など、田中派の幹部が迎えました。田中氏は大好きなウィスキーの**オールドパーを飲みながら、これからはアメリカと戦うと怪気炎を上げた**そうです。

そのとき、田中氏のそばにいたのが、当選2回目の若き小沢一郎氏だったのです。田中氏の「アメリカにやられた」というのは、果たして正しい認識かどうかは別にして、田中派の人々は、この認識を共有しました。

田中氏のもとで情報官僚として台頭してきた後藤田正晴氏などは、ロッキード事件は陰謀であると示唆する発言をしています。彼は日米関係が変わったときには、ロッキード事件の真実が明らかになるだろうとすら言っていました。

当時田中氏としては、日中国交正常化と独自の資源外交がアメリカを刺激したと思っていて、その理解の上でロッキード事件を乗り切ろうとしていたのです。

田中角栄失脚後、こうしてODAは始まった

青木

それに対して、中国はどうかというと、こちらからは「熱烈歓迎」でした。田中角栄氏がロッキード事件後に表舞台に出られなくなってからも、中国の歴代の最高首脳が来日したときは必ず目白邸を訪ねるのです。鄧小平から趙紫陽まで最高クラスが足を運んでくるのです。

社民党の人たちなどは、中国にそんなことをしてもらうと困るのですが、中国は田中派と中国との友好関係をデモンストレーションして米国とソ連を牽制したかったのです。田中氏は田中氏で、「俺はこれぐらい中国から重視されているんだ」とアピールして政治的な政権のカードに使おうとしました。

これはほとんど知られていないことですが、**1978年以来、毎月1回田中角栄氏の元に鄧小平から親書**が届いていました。その内容は、4つの現代化にぜひ協力してくれ、そのための具体的なアドバイスをしてほしいというものでした。

78年の夏に日中平和友好条約が結ばれたとき、鄧小平が来日し田中邸に来て、これからは大修正主義を実行すると言っています。資本主義化をするということです。

要するに、日本は経済援助をしてくれということです。田中氏の助けを借り、そこから首相になる大平正芳氏に話が行きますが、この田中首相・大平外相という日中国交正常化をやったコンビによって中国の近代化を支援するとの確認がなされたのです。

そのとき、中国の最大のネックは、資産でした。とにかくお金がないのです。そうなると日本しかありません。そこで賠償金の名目で日本から取ればいい、というコンセンサスが生まれます。そこから、田中角栄氏が日本側のODAの窓口になっていくのです。

ここで中国が当時目指していた、現代化について触れておきます。

長く鎖国下の統制経済にあった中国が参考にしたのは、台湾と韓国の経済成長方式でした。一言で言えば、それは**安い労働力を使って、生産した商品を海外に輸出する**ことです。

ですが台湾も韓国もそのために克服すべき課題がありました。それが資本の形成、つまり、どうやって現代化に必要な資金を捻出するのかという問題です。両国の場合はいずれも、米国と日本からの経済援助と投資がそれに充てられたのです。

60年代、韓国は80%、台湾は40%が海外資本でした。ですが米国は中国にはカネを貸しません。ソ連は敵国ですし、彼らの援助には散々懲りています。ＥＵは中国との貿易に関心が小さい。その結果、日本との友好が必要不可欠になるのです。

現実には当時中国に援助する国は日本しかありませんでしたし、貿易もわずかの差とはいえ先進国中日本がトップでした。

目白邸を訪れた鄧小平は、その4ヵ月後に、中国共産党第11期中央委員会第3回全体会議（3中全会）を開催し、ここで毛沢東派の華国鋒《かこくほう》を№1のポストから追放しました。文革が終わって、これからは経済だということで党内の路線が固まったのです。

このとき華国鋒を粛清したのが、のちに中曽根氏と仲よくなる胡耀邦《こようほう》なのです。胡耀邦は当時、鄧小平のもとで組織部長をやっていて、全国の共産党の人事を動かせる立場にあったのです。文革派を全部追放して、新しい4つの現代化のための経済テクノクラート（技術官僚）を抜擢し始めます。

このさらに1年後に当時の**大平正芳首相が中国に行って、安定した中国は日本にとってプラス**であると判断し、戦後初めて日本からの公的援助、円借款を決定しました。日本のＯＤＡは、この大平訪中の１９７９年12月に始まるのです。

この大平正芳氏のバックにいたのが、田中角栄氏です。その結果、当時は中国に進出している外国企業そのものが少ないから、アンタイドローンなのですが、円借款でも日本企業が受注できました。

その日本企業は、ODAのプロジェクトを受注できるように誰に頼みに行ったか。それが、発言力の強い、目白の田中氏のところだったのです。

中国側も、田中氏が、「ワシんとこと親しい企業だから、この港のプロジェクト頼むよ」と言えば、鄧小平や趙紫陽がOKを出します。

そういうようなお金の流れ、日本企業とのつながり、中国側との交渉などなど、すべてのことについて小沢氏は当然知っています。中国についたほうがおいしい思いができるということも、よくわかっているのです。そうした**目白と中南海の関係を米国のCIAもほとんど掌握**しています。

もう1つ付け加えると、小沢氏の反米の思いにはロッキード事件とともに、湾岸戦争時の支援金をアメリカが何ら評価しなかったという屈辱感もあると思います。あのときも小沢氏はアメリカに煮え湯を飲まされています。この2つをセットとして、小沢氏はアメリカへの対応を決めたのだと思います。

幼稚な政治が長く続けばテロリズムの土壌が生まれる

田母神

安倍氏以後、自民党は参議院でことごとく法案に反対され、行き詰まり、最後は大連立構想に走りました。今度は、攻守逆の形で、合従連衡が始まると見ていいでしょう。ですから誰と誰が組むのかは、ますます不透明になりつつあります。

自民党も、野党慣れしていないというか、質疑応答でも総裁の谷垣禎一《さだかず》氏に迫力が感じられず、この間まで本当に政権を取っていたのかと思うぐらい元気がありません。日本が混迷している大事な時代に、これでは困ります。

自民党は、**自民党綱領の精神に立ち返るべき**です。立党時の自主憲法の精神に戻ることができたら、また支持されるようになると思いますが、現実を見ると党内に左翼がいっぱいいて、そういうことは望むべくもありません。自分で自分の国を守るという時代は、まだ当分来そうにありません。

戦後六十数年かけてこうなってしまったのですが、日本国民も少しは気がついてきたのではないでしょうか。

何とか生活が成り立っているうちは気づきにくいものですが、「自分のことは自分で守る」という意識の延長の上にある「自分の国は自分で守る」という強固な自覚がないと、精神的にだんだん幼稚になります。政治家も幼稚になるし、国民も幼稚になります。

成人式を見ていると、**諸外国の20歳ぐらいの人と比べて日本人の幼稚なことは明らか**です。成人式で暴れる輩も、たいした処分は受けないと舐《な》めてかかっています。それこそ市中引き回しのうえ、獄門の刑にでもすればいいと思うぐらいです。

そうでもしないと、目が覚めません。反省して終わりのような処分でお茶を濁しているから、また同じようなことをするのでしょう。彼らは甘ったれですから、罰則が厳しくなると絶対にやらなくなります。

市長や町長とか、トップの問題です。そういう立場にいる人がビシッとした処分をしないからいけないのです。マスコミが騒ごうが、ＰＴＡが色めき立とうが、頑として動じない姿勢をトップが何年も貫き通せば、それが普通になるのです。

新成人の幼稚な「悪ガキ」たちが成人式会場や町中で大暴れするニュースをテレビで見て、「よくやった」などと思っている人はいません。市当局がもっと厳しく対処すべきだと、みんな腹立たしく思っています。

その一方で、若者たちの雇用の非正規化が気になります。今のような政局がだらだら続くと、そのうちテロが起こるような気がしてなりません。怖いのは、「国民の選挙で選ばれた議員のやっていることよりも、テロのほうがむしろ民意を反映している」といった逆説的な意見が広まるようになることです。テロリズムの土壌は、史上空前の大不況と政治家の横暴が重なったとき生まれます。

また今の日本には、政治家に対する不満以外の不満もあちらこちらで渦巻いています。デフレも何とかしないといけません。物の値段がどんどん安くなると、失業者の雇用に跳ね返って、リストラされてというスパイラル現象が果てしなく繰り返されるからです。経済が成長しなければどうにもならないことばかりです。

若い人は将来設計が立ちません。未来がまったく見えないのですから、将来計画の立てようがありません。昔は、年齢とともに給料もだんだん上がっていくということが決まっていましたから、「あと何年かしたら暮らしが楽になる。それまでガマンだ。頑張ろう」という気にもなれましたが、**今は先が見えないから頑張る気になれない**のです。

男もみんな「草食系」になってしまって、昔の日本人のような動物的ガムシャラさがなくなりました。国が栄えないわけです。

私の講演を聴きに来る人の中には、中学生もいますが、**男性より若い女性のほうがずっと元気がいい**のではないかと思います。自分で言うのも何ですが、60歳を過ぎてから女子中学生からおばさんまでのアイドルになってしまいました。

ファン層の人は、私がブレずに自分の信念を言うというところに共鳴しているようです。おばあちゃんも、涙を流しながら話を聞いてくれます。

5章

軍事自立なくして経済自立はない

- 自分で自分の国を守れる方向へ進むべき
- 世界で唯一核武装したくない国・日本
- 国民を自立させなければ国家は独立できない
- 「広島原爆慰霊祭」の本当の姿
- 拉致も靖国参拝もリトマス試験紙の1つ
- 国史を日本史と呼ぶのは外国人の感覚
- 軍事大国にならなければ、世界の治安にも貢献できない
- 「在日外国人地方参政権」で日本は乗っ取られる
- ハワイの日本人戦没者の墓参りはしても、靖国参拝はしない政治家たち
- 日本の平和のために特攻隊の若者は死んでいった
- 北朝鮮のミサイルだけに大騒ぎする不思議さをおかしいと思うべき
- 情報・軍事体制を強化しなければ経済戦争にも勝てない
- 中国情報に弱い日本のメーカー企業
- 日米中のミリタリー・バランスがとれてこそ平和の均衡が保たれる

自分で自分の国を守れる方向へ進むべき

田母神

平和・安全保障研究所理事長の西原正さんが、防衛大学校長をしていた2003年に6ヵ国協議を目前にした8月14日付の米紙『ワシントン・ポスト』に寄稿して、次のような警告をしました。

「北朝鮮が要求している米朝不可侵条約が締結される事態になれば、日米安保条約との整合性はどうなるのか。北朝鮮は生物化学兵器を保有しており、日本攻撃に使用しうるかもしれない。そうなると、日本はアメリカとの安保条約に頼れなくなってしまうから、独自に報復用核兵器の開発を決定するかもしれない」

これは、不可侵条約の危険性について論じたもので、**北朝鮮の核開発計画放棄を検証することは難しい**とか、不可侵条約を結ぶと在韓米軍は撤退することになるといった内容でした。

青木さんが、あの文章をリアリズムに立脚した非常に刺激的な見方だと思ったと話してくれたことがありますが、確かにそのとおりです。アメリカはいろんな国と安保条約を締結しています。韓国とも結んでいるから、もし日本と韓国がぶつかったらどうするのかということになります。アメリカの同盟策は初めから矛盾だらけなのです。

日米安保条約というのは、あくまでも「抑止」のためのものでしかないのです。「いざとなったら、日米が同時に行動するのではないか」と思わせておくことは、アジア地域を安定させておくうえではとても大事なことですが、もし抑止が破綻するような状況になったとしても、日米安保が発動される可能性は極めて低いと私は思っています。

では日本はどうするかというと、繰り返しになりますが、「自分で自分の国を守る方向に行くべきだ」と思うのです。と言っても、すぐにはそこまで行きません。10年とか20年の歳月をかけて、**世界各国の軍事情報をどこよりも早く収集できる体制を構築**し、中国あたりからあれこれ言われても「何を言っているのだ」と言い返せるだけの軍事力を持つようにすることなのです。

そうなれば、もっと強い日米同盟関係に発展すると思います。アメリカには「ストロングジャパン派」と「ウイークジャパン派」がいます。「ストロングジャパン派」の代表格は「日本国憲法の第9条を変えろ」と主張した元国防長官リチャード・アーミテージです。

彼は「日本はもっともっと強い軍事力を持ち、アメリカと一緒になって世界の安定のためにもっともっと貢献してくれ」と言いました。

アーミテージは、2000年10月にアメリカ国防大学国家戦略研究所を指揮して「米国と日本――成熟したパートナーシップへの前進」と題した特別報告書をまとめさせたのです。その中に、「第9条改正」を入れたのです。アーミテージらの強硬派に対して、「ウイークジャパン派」「ビンのふた派」と呼ばれる人たちは、「日本が強くなると必ずアメリカは不利益を被るから、日本の軍事力が大きくならないようにとにかく抑えておくことが必要だ」と主張します。

こういう2つの意見がある中で、**ストロングジャパン派が政権を取っている間に第9条を改正し、日本の軍事力をもっと強化する**方向性を決めて、そっちへ進んでいける体制を整えなければなりません。しかし、今の日本の政局の動きを見ていると、その難しさがよくわかると思います。

世界で唯一核武装したくない国・日本

青木

　核保有国と非保有国では、国際政治を動かす力に天と地ほどの差があるということを日本人は認識する必要があると、田母神さんはいつも言われていますが、私もそう思います。核兵器はもう二度と使われることはない兵器だと思いますが、世界の政治リーダーは、それでも**核兵器を持たなければ国際政治で有利な地位を占めることができない**と考えています。

　だからこそ、まだ保有していないさまざまな国が核武装するチャンスを虎視眈々《たんたん》と窺い、一方、すでに核を保有している国々は、保有国が増えてくると困るから核武装させないように牽制したり脅しをかけたりします。まさに中国がそれです。

　中国は、1964年に強引に核武装しました。その結果、アメリカは、対立状態を続けることが得策ではなくなり、中国と和解せざるをえなくなりました。

　こういう発想が世界の常識なのに、独り日本だけが違う考え方をしています。どこの国も核武装したいと思っているのに、日本の総理大臣だけが唯一、「核武装してはいけない」と主張します。ですから、日本は国際的に見て極めて特殊な国ということになります。人間でいえば、奇人変人です。

オバマ大統領が「核廃絶宣言」をプラハでしたとき、日本のマスコミや日本政府は「日本が今まで言ってきたことは正しかった」と言って諸手をあげて大喜びしました。しかし、これはまさに愚の骨頂です。オバマの言葉の裏の意味がまったく理解できていません。

「アメリカには**古くなった核兵器がいっぱいあり、まずこれを処分します**から、皆さんも**これから核兵器を持とうとかバカなことを考えない**でください。そうすれば、われわれの優位は永遠に続きます」というのがオバマの真意なのです。

また、田母神さんが昨年の8月6日に広島で講演された直後、10日の『人民日報』のコラム『点評』に楊伯江《ヤンボージアン》中国現代国際関係研究院日本研究所所長が「日本の核保有論の高まりに警戒せよ」という記事を書いています。

現代国際関係研究院というのは中国外務省系列のシンクタンクで、所長の楊は政権にも影響力を持つ外交ブレーンです。田母神さんの講演のあと、すぐに外務省のシンクタンクの対日ブレーンがこういう論文を発表したのです。

コラムには次のように書いてありました。

「東アジア・東北アジアの安全保障状況が非常に大きく変化し、そういう動きが日本国内にもいろいろな形で新しい動きを生み出している」

冷戦後に、第1次朝鮮半島危機がありました。これは、1998年8月の北朝鮮のテポドン発射のことを言っているのですが、「その後、2009年の2回目の核実験を受けて、日本ではかつてないほど核論議が高まっている」という論調の文章が続きます。

「民主党の鳩山由紀夫党首も、『政権掌握後は、米国と協議して現実的対応を取る』としているが、これは非核3原則を改竄《かいざん》する余地を残そうとするものと受け止められている」

鳩山前首相はブレまくって、いろいろなことを言っていましたが、『人民日報』は、核の問題について発言したところだけを取り上げました。今からみれば、明らかに過大評価でした。

コラムでは、次に「日本は非核国ではない。なぜなら、**米国の核が現実に日本国内にあるからだ**。実際はアメリカの核のもとに守られている」と批判したあと、田母神さんの名前が出てきます。

「日本国内には現在核論議について2つの見解と、政治的立場がある。1つが右翼保守勢力であり、彼らは直接核の保有を主張している。軍事関係者の中では、日本の侵略の歴史を否定して解任された田母神俊雄前航空自衛隊幕僚長や、政界では酔っぱらって会見した中川昭一云々」

非常に悪意のある表現で、「さらに言論界では産経新聞などがこの代表である」として、こう続けています。

「第2の勢力は政権当事者、あるいは政策決定過程に所属する現実的保守派である。彼らは核論議それ自体をすべきではないと主張して、この代表的人物が自民党の若手の政治家である河野太郎らである。

政治的影響力と政策の現実性から言えば、日本国内においては第2の勢力が明らかに優越している。多方面のバランスからも**日米安保を堅持し、同時に自主的防衛力を高める**というのが、現段階での日本の安全保障のための選択になるだろう」

注目すべきは、北朝鮮の核実験への言及です。「これが日本の潜在的なナショナリズムを非常に刺激した」とあります。その解説のあと、「保守現実派のほうが政権を維持しており、日本における核武装問題は、事実上大きな流れにはならないのではないか」と記事をまとめています。

つまり政権担当者はともかく、国民の間からは、核論議が出てくるかもしれないという警戒感は持っているのです。

私は毎日、中国国内の新聞、雑誌、ネットなど、主立ったメディアの記事には目を通しているつもりですが、『人民日報』ばかりか中国の政府系メディアには、日本人も知らないような日本のＮＰＯの団体が実施した核についてのアンケート結果ですら詳細に紹介されています。

政官財界にスパイが大勢いるようです。彼らが跋扈できる**日本は、本当にめでたいいい国**です。

国民を自立させなければ国家は独立できない

田母神●

日本の政治目標の1つは、国家の独立です。国家をまず独立させ、次に国民を自立させることです。国家の独立とは何か。憲法や自民党の綱領に書いてあるように、「自主憲法を制定し、きちんとした自前の軍事力を持って、自分の国を自分で守れるようにすること」です。

今の日本人は、**自分で自分を守るという意識が本当に脆弱**になっています。国民が政府に依存するという、間違った方向に政治が誘導してきた結果です。

我々の親の世代の日本人は、「人の世話になるのは恥ずかしいことだ。地べたに這いつくばってでも、自分の力で生きなければ」という強い意志がありました。

今の若い人たちにはそういう「石にかじりついても」という考え方は少ないようです。「時代が違う」という言葉では片づけられない日本人の精神的変節です。日本民族古来の大和魂的な気概が失われてしまっています。日本は、**高度経済成長の中で、何でもかんで**

も政府が面倒を見てきましたから、「甘えの構造」ができてしまいました。

こういう体質は国民にとっても国にとってもいいことではありません。民主党が始めた「子ども手当」でも、「今年と来年は国が面倒見るが、再来年からは自分でやれ」と言うべきでしょう。子どもぐらい自分で育てなくてどうするのかということです。あれはひどい究極のポピュリスム（大衆迎合）だと思います。

依存体質と言えば、派遣村もそうです。せっかく入村させてもらっても、**「待遇が悪い」などと文句を並べる人間がいる**と聞くと腹だたしい気持ちで一杯になります。全員が、というわけではないでしょうが「甘えるのもいい加減にしろ」と怒鳴りつけたくなってきます。

こうした甘えは、アメリカに国防を依存してきたことも一因に思えてなりません。「とにかくどこかの国に依存して」という甘えは、長期的に見たら絶対日本人をダメにし、国をダメにするでしょう。そうならないためには、何度も繰り返しますが、国家を独立させ、国民を自立させなければなりません。

政治がそうしなければならないのに、意気地がないから、中国のような国が、「日本を独立させまい。自分の国を自分で守れる状態を日本には作らせまい」と、例の「歴史認識」のようなことをいろいろ仕掛けてくるのです。

　１９４５年の8月15日で、完全に歴史が断絶してしまいました。戦前はバツ、戦後はマルという単純な二元論だけになってしまっています。そこを中国はついてくるのです。

　日本の軍事力が自国を守れる状態にならないうちは、**中国はいくらでも圧力をかけてきて、どんどん金を引き出し続ける**ことになります。

　アメリカも油断はなりません。ベルリンの壁が崩れ、ソ連との冷戦時代が終わりを告げ、『００７《ダブルオーセブン》』のような諜報活動はもう必要ないだろうという話になり、考え方を変えました。

　たとえば、１９９１年でしたか、当時のＣＩＡ長官が議会で次のように言明しました。

「これからのアメリカにとって最大の脅威は、ソ連の軍事的脅威ではなくて、日本とドイツの経済的脅威だ。よって、これまで諜報活動費のほとんどはソ連の軍事情報収集に使ってきたが、これからはその予算の3分の2以上を経済戦争に使う」

　アメリカがＩＴに力を入れたのは、そういうバックグラウンドがあったからなのです。インターネットにしても、アメリカが軍事用に開発したのが始まりです。

　ですから、日本企業のビジネス通信などは、完璧に盗聴されたりチェックされたりしていると思ったほうがいいと思います。

「広島原爆慰霊祭」の本当の姿

田母神

圧倒的多数の日本人は、「世界の人たちはみんな日本人と同じように、正直で正々堂々と本当のことを言う」と信じています。しかし、現実はそうではなく、世界の人たちの腹の中はみんな真っ黒と思ったほうがいいでしょう。

日本人が最大の盟友と思っているアメリカも、その例外ではありません。アメリカは、自国が儲かることしか言いません。郵政民営化を日本に要求しながら、**アメリカの郵便事業が国営だということを知らない人は多い**と思います。しかし、マスコミはそういうことは大きく書きません。

ODAや中国の対日工作についても、肝心なことは一切書きません。こういう事実をそれまで知らなかった読者は、青木さんの著書を読んで、怒りのお便りを書いてくるそうです。そこには、知らされていなかったことへの強い怒りが綿々と綴られています。

青木さんも、「青木の取材は、絶対受けるな」と外務省から天敵視されているそうですから取材に苦労されているのではないでしょうか。ＯＤＡも外務官僚たちの既得権益ですから、自分たちに都合の悪いことは書かせないという態度で一貫しているのです。つまり、日本人にとって「敵はすぐ隣にいる」のです。

今はインターネット時代ですから、**御用マスコミが国民を騙し続けることはできにくくなってきました**が、それでも騙そうとしています。

広島のあの慰霊祭も、行ってびっくりしました。そこには広島市民も広島県民もいないし、被爆者も被爆者2世もいないのです。並んでいたのは、全国からバスに乗って集まってきた左翼だけでした。広島のちゃんとした地位のある人たちが、口をそろえてそう言うのですから間違いありません。

被爆者用に準備された２５００席に被爆者がほとんど座っていないのですから、目を疑います。席を準備したというのは、マスコミ向けの口実です。そのことを私がいくら言っても、新聞はまったく報道してくれません。

幕僚長だった私が、アパグループ主催の第1回「真の近現代史観」懸賞論文募集に応募して最優秀賞を受賞し、その内容が物議をかもしたのは、２００8年秋のことでした。論文のタイトルは『日本は侵略国家であったのか』です。

その「田母神論文問題」で私は解任されたのですが、当時公明党の幹事長だった北側一雄《きたがわかずお》氏は、私が**星4つの幕僚長から星3つの空将に降格されて定年退職**ということになったとき、「ちょっと待て。懲戒免職でなくていいのか。あのまま退職金を出していいのか」と言い出しました。

北側一雄氏は、2007年11月に開かれた「民団」（在日本大韓民国民団）主催の「永住外国人に地方参政権を！」という全国決起大会に出席して、「小・中学校時代から多くの在日韓国人と友好を結んできた」とか「在日朝鮮人は、納税もし、地域社会にも貢献してきた」などという挨拶をしています。

彼に限らず、公明党の議員は、結局は創価学会との関係を切ることはありません。したがって、池田名誉会長が黒いカラスを白いサギだといえば、全員が「そうです」と言うような体質を持った組織です。

池田氏は胡錦濤や温家宝までが直々に単独会見するほど中国首脳からの信頼は厚く、宗教家ではなく、社会活動家という肩書きで中国のメディアは報じています。公明党議員の発言に、こうした背景が見え隠れしていると感じているのは私だけでしょうか。

拉致も靖国参拝もリトマス試験紙の1つ

田母神●

オバマが大統領に就任して初めて中国を訪問したとき、彼はチベット問題には触れませんでした。天安門事件以降、アメリカも表立っては「人権」などと言ってきましたが、「人権問題」は**アメリカが有利になるとか儲かるというときに持ち出す必殺札**であって、得にならないと判断したときには一切持ち出しません。

ですから、アメリカは、日本の拉致問題を本気で解決しようなんて思っていません。自国民を救えないような国は、たとえ同盟国であっても助けることはできないと思っています。

横田夫妻がアメリカへ行けば、ブッシュ前大統領もヒラリー・クリントン国務長官も「かわいそうだ」と同情的なことは口にしますが、残念ながらリップサービスの域を出ていません。

ヒラリー・クリントンは来日したとき、家族会と会見はしましたが、国務長官としてではなく、ひとりの母親としてでした。また横田夫妻らが求めた「北朝鮮に対するテロ支援国家指定解除」については言及しませんでした。家族会に言質を取らせなかったのです。国務長官として会見したわけではないというヒラリーの発言について、日本の新聞やテレビは結局、その小学生レベルの外交レトリックを見抜くことができませんでした。「ヒラリーと家族会の美しい物語」という虚像を伝えるという愚挙を犯したのです。

しかし、アメリカを当てにするのもどうかとは思います。なぜならば、**拉致というのは日本に対する侵略**なのです。ですから、日本政府が厳しく対処すべき問題です。経済制裁などという手ぬるいことでお茶を濁しているようでは、とても独立国家とは言えません。ですから、中国や韓国から軽く見られてしまうのです。

北朝鮮問題で**オバマ大統領が最重要視しているのは、拉致問題ではなく、核問題**です。拉致は日本を引きつけておくための、政治カードでしかありません。

特定失踪者として四百数十人に範囲を広げてはいますが、拉致被害として認めているのは十数人しかいないのです。みんな認めるべきだと、私を含めた圧倒的多数の日本国民は思っています。そういう民意が、政治に少しも反映されていません。

多くの韓国民も拉致されていますが、北朝鮮は同民族で、しかも地続きという関係なので、日本とは事情が違います。

中国から見ると、拉致問題は日本に対する1つのリトマス試験紙になっています。日本政府に死にもの狂いで自国民を助ける意志がないことから、「日本は、圧力さえかければ何とでもなる国だ」と思われてしまいました。

靖国参拝も、完全なリトマス試験紙です。中国や韓国は、拉致問題とか教科書問題とか靖国参拝問題といった1つひとつの出来事で、日本の政治姿勢を判断しています。

今の日本は、独立国としての体《てい》をまったくなしていません。拉致された人たちのほとんどは総理大臣に報告されているはずなのに、「自衛隊は行動を取れ」という指示を出せずにいます。

北朝鮮籍の船が**日本の領海を侵犯しても、その動きを監視し、報告する程度で終わり**です。向こうの船が攻撃してきた場合、政府の指示なしに海上自衛隊の船が反撃して相手の船を沈めると殺人罪に問われるという、とんでもないことになっています。そんな軟弱な国が、世界の一体どこにあるでしょうか。

国史を日本史と呼ぶのは外国人の感覚

田母神●

東京都教育委員会はすべての都立高校（全日制175校）で「日本史」を必修科目にする方針を決め、2012年度から実施できるよう検討を進めているというニュース（毎日新聞インターネット情報サイト・毎日.jp）を見て驚きました。都立高校は、これまで「世界史」だけを必修科目にしていたのです。こうした**日本史軽視が、愛国心をなくさせる原因の1つ**だったのでしょう。

大体、「日本史」という言い方はおかしいと思います。中国人などの外国人が日本の歴史を勉強するときは「日本史」でいいのですが、日本人が自国の歴史を学ぶのに「日本史」とはどういうわけでしょうか。アメリカ人が日本の歴史を勉強するときは「日本史」でいいけれども、アメリカ人が自国の歴史を学ぶときは「アメリカンヒストリー」とは言いません。「ナショナルヒストリー」と言っています。

ですから、日本でも、「日本史」ではなく、「国史」と呼ぶべきです。国語は「国語」と言っているではありませんか。あれを「日本語」と呼ぶのと同じようなもので、非常に違和感があります。戦前は「国史」と言っていたはずです。おそらく、**国史を皇国史観による歴史だと決めつけた日教組の意向があった**のでしょう。

ネットを当たってみると、皇學館大学には「国史学科」というのがあり、龍谷大学には史学科の中に「国史学」というのがあり、國學院大學も「国史学」と呼んでいるようですが、「国史」と言っている大学は少ないようです。

日本人は、元来とても人のいい民族で、舶来に弱いのです。外国の物はみんないい、と思ってしまうところがあります。よその国は、**アメリカに対しては中国をカードに使い、中国に対してはアメリカをカードに使う**ということを平然とやっているのに、日本はそれができません。そんな日本のカリカチュアが、鳩山前総理ということなのでしょう。

「戦前の日本人は皆悪かった」というおかしな考えが世界的に流布されてしまいました。日本の軍人はすべて、戦争をやりたがる人間ばかりだったという調子です。憲兵隊は悪人の集まりにされてしまいました。

テレビドラマに軍人が出てくると、とくに憲兵隊は必ずといっていいほど悪代官のような非情さで描かれますが、あれは絶対におかしいと思います。偏見そのものです。

軍事大国にならなければ、世界の治安にも貢献できない

田母神

中国の外交戦略の基本は「日米分断」なので、**普天間問題を利用して中国がまたいろいろと画策して日米間に楔《くさび》を打ち込んでくる**可能性があります。

日本が独立して、自国の安全保障体系をきちんと確立したうえでアメリカと手を組んでいるのであれば、現在のような「占領軍と敗戦国の延長としての上下関係」のような歪んだ形にはならなかったはずです。

われわれの親の世代は、進駐軍がやってきて屈辱的な思いをしていますが、いまや戦争を知らない平和ボケの世代が主流になっています。ですから、占領軍と敗戦国という実感がまるでありません。

日本人には、程度の差こそありますが、日米安保に依存する気持ちがあるからこそ、その裏返しとしてどこか反米・離米ナショナリズムが潜在化しているのです。

そして大多数の日本人は平和ボケしていて、国を守るということを真面目に考えてない

から、「独立安全保障」という考え方がピンと来ません。しかし、その一方で、戦争を知らない世代でも、北朝鮮や中国の怖さは、頭の中ではある程度わかっています。

ですから、これからは**単純な反戦論や厭戦論ではなく、リアルな独立安全保障論**をやらなければならないと思います。「日米安保を対等な形にしない限り、日本の主張が世界に受け入れられることはない」という議論です。

状況は刻々と変わっていて、とくに中国の急激な台頭があるということに、日本人はもっともっと敏感にならなければいけません。

戦後の日本は、バブル崩壊までは、ずっと世界屈指の経済成長を遂げました。そのお陰で国家予算はずっと伸び続け、防衛費も伸びてきました。しかし、見落としがちですが指摘しておきたいことは、諸外国の動きを見て伸ばしてきたわけではないということです。予算の論理だけで伸びてきたのです。

ここ20年来、いわゆるGDPの成長が止まって、予算は伸びなくなりました。伸びているのは社会保障など、ごく一部の限られた分野だけで、防衛費はマイナスです。

たしかに、日本は島国であることに感謝すべきでしょう。中国やロシアがいかに大きな陸軍を擁していようと、**海を渡らなければ日本には攻めてくることができない**からです。

海を一気に渡れる陸軍というのは、せいぜい1個師団ぐらいです。その1個師団を大陸あるいは半島から日本へ送り、それに続いて次の1個師団、そのまた次の1個師団という具合にやって全師団が日本に上陸し終えるには2週間とか1ヵ月という期間がかかります。

しかし、島国である恩恵を受けているのは、陸軍に関してのみです。したがって、怖いのは海と空です。日本の海空の戦力がきちんと整っていれば、中国やロシアも攻めてはきませんが、今の日本の戦力はそうなっていないのです。

そもそも憲法9条の不戦条項や専守防衛論など、**侵略に対して、まず自衛隊を含む日本国民が最初に、それも相当数犠牲になる**ことが大前提としてあります。侵略を受けて初めて反撃が始まることになっているのです。考えてみれば残酷で恐ろしい話です。これが、本当に平和戦略と言えるのでしょうか。

まだあります。憲法9条擁護論者たちは、愚かにも、常に**日本が一方的に諸外国を侵略するかのような妄想**に囚われています。彼らこそ日本のシビリアン・コントロール、つまり健全な民主主義体制が機能している事実を信じていないのです。その頭の中は65年前の8月の段階で止まっています。

国民を餓死させても核実験を続ける北朝鮮、北方領土を返そうとしないロシア、そして

20年間も一貫して軍拡を続け、国民の選挙による信任も受けることなく、その一方で過剰なまでに恥辱の歴史の失地回復を煽り続ける中国などなどの存在は、地域の軍事的脅威ではないのでしょうか。こういう質問をしても返ってくるのは「ノーコメント（わかりません）」という言葉だけなのです。

日本人の夢見心地の平和論が、所詮は願望にすぎないことを胡錦濤と金正日が教えてくれることでしょう。

それでは、日本の海空の戦力が、この20年間でどう変わってきたのでしょうか。20年前の中国は、第4世代の戦闘機を50機も持っていませんでした。一方、当時の**日本の航空自衛隊は200機を保有**していました。相手にならなかったのです。

対する中国は、20年間ずっと2桁の増強を続けてきましたから、今の第4世代の戦闘機だけを見ても、数で凌駕されつつあります。ですから彼らが今から訓練を積んで、空軍なり海軍なりが組織的に戦力を発揮できる状態になったら、日本は完璧に負けてしまいます。

今までなら、戦力的に優位だったので、「やれるのなら、やってみろ」と言えましたが、だんだんそうは言えなくなってきたのです。

経済大国は、軍事大国にならざるをえないのです。軍事大国にならないと、「日本は世界の治安の安定に貢献しません」と言っているのと同じだからです。経済力に応じた**軍事力を持って、自分の国を守れてこそ、地域の安定に貢献できる**のです。

しかし、日本の経済成長が止まったことで、軍事大国化は難しくなりました。自衛隊がどんどん弱体化するという状態が現出する一方で、中国が軍事力をどんどん増強してきました。

中国が「通常戦力でも、日本には絶対に負けない」と思うようになったら、**日本の防衛はさらに不安定になり、国家としてさまざまな屈辱的なことが起きる**可能性が出てきます。

そうなる前に、何とか手を打たなければなりません。

「在日外国人地方参政権」で日本は乗っ取られる

田母神

民主党政権が、在日外国人の地方参政権を認めるという話が浮上しています。これは、極めて危険な感覚から生まれた法案に思えます。私はこうした政策が浮上している現状に、強い焦りを感じています。

そもそも民主党は、幹部の顔ぶれを見ても典型的な「全共闘内閣」です。散々騒ぎまくったあげく、あとは放り投げたまま知らん顔なのです。普天間問題などその典型です。戦略論と情報センスのなさは、絶望的と言っていいでしょう。

青木さんが言っておられた、中国と韓国がやろうとしている「和平演変」は、民主党の誕生を絶好のチャンスと見ていると思います。

つまり武力ではなく、平和的な形で、日本の各界に工作して、彼らに都合のいいように**日本の政策を日本人により日本の内部から変更させていく**という狙いです。民主党には、ここがまったく見えていません。

在日外国人の参政権を認めることに、私は大反対です。参政権を与えてしまうと大変なことになります。たとえば、対馬です。対馬の人口は現在約3万6000人ですが、そういうところに4万人ぐらいの中国人や韓国人が移住してきたら、どうなるでしょう。市長に、外国人が選出されてしまう事態になると思います。

参政権を与えると、そういうことが頻々と起きるようになるでしょう。北京オリンピック時の長野がいい例です。チベット問題で熱くなった中国人が、北京オリンピックの聖火リレーを妨害しようとして、4000~5000人が長野に集結し、市内が占拠状態になったことはまだ日本人の記憶に新しいはずです。情けないことに、あのとき日本人は何もできませんでした。

参政権を与えたら、**数の論理、多数決の論理によって、日本の政治も経済も合法的に乗っ取られてしまう**危険性が高いということです。

法務省民事局の調べによると、日本に帰化している中国人は毎年4000~5000人はいます。韓国・朝鮮は8000~1万1000人ぐらい、その他の国と合わせると年間1万5000人ずつ帰化許可者数は増えています。

2008年の統計では外国人登録者数約220万人のうち、中国人は3割近くを占め、約65万人という最上位で増加しています。

民主党は、先の衆議院議員選挙で、「民団」（在日本大韓民国民団）に支援してもらった借りがあります。赤松広隆前農水相などは、選挙当時、民主党の選挙対策委員長をしていて、在日の参政権を認めることを選挙公約にしていました。

在日外国人に参政権を与えたら、彼らが多く住んでいる街は簡単に乗っ取られます。参政権を与えるということは、**韓国人とか中国人にその市や町を与えてしまう**ようなものです。そんな国が、世界のどこにあるのでしょうか。

われわれは、ひとまとめにして「外国人」と言っていますが、最大勢力になるのは韓国人と中国人です。生活が豊かなところに、人は集まるからです。中国のGDPが日本を超えたといっても、人々の生活レベルは日本のそれとはまだ比べものになりません。

それこそ明かりに集まる蛾のように、生活水準の高い日本の都市にどっと集まってくることになります。九州の各都市など、格好の標的にされるでしょう。

日本を覆っているのは、何となく気分はコスモポリタンな地球市民意識です。でも現実に在日外国人たちと同居している地域の住民は、そうではありません。抽象的な博愛だけではどうにもならない無残な現実がたしかにあるのに、マスコミもここにはなかなかスポットを当てようとはしません。

ヨーロッパやアメリカに学ぶのなら、**異民族との「共生」がどれほどの難事であるか**も同時に学んでほしいものです。

日本古来の草花や魚や野鳥や昆虫たちが、韓国、中国、アメリカをはじめとする外来種に駆逐され、絶滅の状態に追いやられている憂うべき事態が拡大しつつあります。人間にも、日本民族にも同じことが起こる危険性があるというのが、在日外国人の参政権問題なのです。

ハワイの日本人戦没者の墓参りはしても、靖国参拝はしない政治家たち

田母神●

今年の1月、日米外相会談のためにハワイに滞在していた岡田克也外相は、国立太平洋記念墓地を訪れてアメリカ人兵士の戦没者の霊に黙禱を捧げました。しかし彼は、同じ太平洋戦争で死んだ日本人戦没者が祀られている靖国神社には行きません。こんなおかしな話があるでしょうか。

どこの国でも、**大統領や総理大臣は、国の命令で戦って命を落とした人たちの墓地へお参りに行くのが当たり前**なのに、中国と韓国の意向が怖くて、日本だけが靖国神社へ行かないのです。

繰り返すようですが、首相以下閣僚の靖国参拝問題は、戦争被害を口実にした戦勝国へのリトマス試験紙です。靖国問題は、中国や韓国に「日本という国は、ちょっと圧力をかけさえすればどうにでもなる。自分たちの要求をのむ」という先例を作ってしまいました。総理大臣が靖国参拝に行かないことは、そのシグナルを送り続けているようなものです。

この先鞭をつけたのは中曽根康弘氏です。中曽根氏が参拝をやめてしまったことの意味はじつに大きいのです。そもそも中曽根氏は、太平洋戦争では海軍主計科士官として連合艦隊に配属され、終戦時は海軍主計少佐です。

一緒に戦った仲間の多くが戦死しているのに、彼らの英霊が眠っている靖国神社に参拝しません。偽善者にして国賊以外の何者でもありません。完全に**英霊を冒瀆し、戦死者を犬死にと言っているようなもの**です。

彼は世間的には保守派の政治家と思われていますが、そういう見方は間違っています。中曽根元首相が、「南京虐殺はなかった」と発言した藤尾正行元文部大臣を解任したのも、靖国神社参拝をやめたのと同じくらい罪深いことでした。

中曽根氏は、とうの昔に過去の人になっていながら、大手新聞社などに太いパイプがあるらしく定期的に論陣を張っています。

そしてその一方では、先輩総理風を吹かしています。それが面白がられてテレビにもよく登場してきましたが、そろそろ引退の時期ではないでしょうか。

中曽根康弘氏だけではなく、歴代の総理の言動には首を傾げたくなることが非常に多いのです。たとえば、福田赳夫氏は、「よど号ハイジャック事件」で犯人の赤軍派幹部を解放するという愚挙を犯しました。小渕恵三氏は対人地雷を廃止し、福田康夫氏はクラスター爆弾を廃止しました。

たしかに、子どものような非戦闘員が、クラスター爆弾の被害に遭っているという悲しい現実はあります。しかし、主要な国はこの条約に加入してないという現実もあるのです。アメリカもロシアも中国も韓国も台湾も、もちろん加入していません。そういう中で日本だけが、クラスター爆弾や対人地雷を廃止したのです。

こうした爆弾は、整備費用がかからず、持っているだけで何十年も保ちます。したがって、**持っていること自体が抑止力になる**のです。そういうことも知らずに、浅薄な考えだけで**対人地雷をなくし、クラスター爆弾をなくしてしまった**のです。

クラスター爆弾をなくすと言って外務省の課長がわれわれのところに説明にやって来たとき、「僕は反対だ」と繰り返し反論しました。ところが、それから2週間ぐらいあとに、対人地雷廃止の決裁をしました。外務省の課長が、総理に対してどういう説明をしたのかもよくわからないのですが、簡単に決まってしまいました。

私は、そのとき防衛大臣だった石破茂氏に「爆弾は持っていることが抑止力になるのです。なのに、大臣、どうしてこんな結果になったのですか」と尋ねました。しかしはっきりものを言うのが売り物の彼の答えは、要領を得ないものでした。

「国を守る」「国の安全保障」という基本的なことを考えずに、何でもかんでもなくしてしまうのはおかしな話だと思います。政府は「自分の国を自分で守る」とか「独立国として」などと口では言っていますが、そのための**軍事力には目を向けていないのが現実**なのです。

日本の政府は、いろいろな防衛事項を「自主的に決めた」と言いますが、アメリカに守ってもらっているのだから自主的には決められるはずがありません。自主的に決めたとしても、あとでアメリカに必ずお伺いを立て、クレームをつけられると「はい、そうですか」と言いなりになってきたのが日本なのです。

アメリカの意向を無視すると、いくらでも意地悪されることは経験的にわかっているので、最終的にはアメリカの方針に従うしかありません。

日本はアメリカに自由に情報操作されています。アメリカは、自国に都合の悪い情報は絶対にくれません。私たちが「情報体制を強化すべきだ」といくら主張しても日本の政治家は聞く耳を持たないので、議論が起きません。日本という国は、本当に困った国になってしまいました。

日本の平和のために特攻隊の若者は死んでいった

青木

終戦直前、まだ20代の、童顔の青年たちが日本の明日を信じて、南の空に飛び立って行きました。そして彼らは永遠に帰ってくることはありませんでした。まずこの事実を大前提にして、平和について考えてみたいと思います。

こうした行動を敢然とやってのけた彼らに対して、戦後の平和に安住しているだけの日本人が「総理大臣は靖国神社に参拝などするな」などという傲慢な言葉をどうして吐けるのでしょうか。

死んでいった**特攻隊の若者たちこそが、最も平和を希求していたはず**です。死者をして死者を語らしめなければいけないのです。だからこそ、今、彼らの愛した祖国日本の安全保障の欠陥が大いに論じられなくてはならないと思います。

しかも、残虐なことをしたのは日本兵だけではありません。米兵も沖縄でどれだけ非道なことをしたか。ソ連が満州国境を越えて攻めてきて何をしたか。そして捕虜の日本人にシベリアで、どんなむごい強制労働をさせたか。

最近、30年間もソ連の圧力で上映できなかった『氷雪の門』という映画が再上映されました。これは1945年8月20日に樺太で起こった惨劇です。すでに降伏していた日本領樺太にソ連が攻め込んできた。それを9人の若い女性交換手が命がけで市民に打電し、最後には辱めを拒んで青酸カリを飲んで死んでいった話です。いい映画でした。

日本を軍国主義と罵る人たちは、**ソ連の国際法を無視した侵略の事実とスターリンによる数千万人の国民への粛清**についても所信を述べるべきです。

戦争には反対だが、批判するのは日本だけで、**ソ連の軍事侵略にはひたすら沈黙するという戦後民主主義の病**がこの映画を上映させなかったのです。日本人は冷戦が終わったからこそ、もう一度歴史の学習をスタートさせなくてはいけないのです。

また、先ほどクラスター爆弾の話が出ましたが、日本政府が「クラスター爆弾禁止条約」(オスロ条約)の批准書をニューヨークの国連本部に寄託したのは、2009年7月14日のことでした。

田母神さんが言うように、アメリカもロシアも中国も韓国も台湾も、もちろん加入していないのに、なぜ日本が加入するのか理解しがたい話です。「国際軍事オンチ」としか言いようがありません。まったく周囲が見えていないし、日本の置かれている状況がわかっていないのです。

ただ持っているだけで抑止力になるのですから、それこそ**専守防衛体制の日本にふさわしい武器**と言えるのではないでしょうか。

北朝鮮のミサイルだけに大騒ぎする不思議さをおかしいと思うべき

田母神

アメリカから見ると今の日本はあまり当てにならないから、自然な形で中国と裏で手を握る可能性はあるでしょう。日本の経済力がガタ落ちになり、中国の経済力が飛躍的に伸び続けているという現状を前にしたら、どっちを重視すべきかは明らかです。

すでに**米国の国債の最大の購入国は日本ではなく、中国です**し、中国は中国で米国向け輸出がトップになっています。ドル崩壊に怯える米国経済を支える中国と、中国市場経済を牽引する輸出の最大相手国米国の経済「同盟」関係は、なかなか崩壊はしないと考えるべきです。

北朝鮮問題ですが、この国は「テロ」とか「拉致」といった芸当はできるけれど、軍事的に日本を制覇することは絶対できない国です。「ミサイルを撃つぞ、撃つぞ」と言ってくるのは、日本がそのつどビクビクと過剰反応をするからです。

口先で恫喝しているだけなので、「やれるものなら、やってみろ」と言っておけば、それで十分です。北朝鮮は、実際にはたいしたことはできないのです。ミサイルなど絶対に撃ちません。被害が出ないように海の上に撃つ、という程度でしょう。

被害が出るとお金がもらえないから、海に撃ちます。「まだ言うこと聞かないか、ほんとに今度は撃つぞ」と再三脅しておいて、やっぱり海に撃ちます。計算づくでその程度のことしかしないのが北朝鮮です。

拉致問題では、被害者のうち何人生きているのかさえ日本政府は知らない状況です。こんなひどい話があるでしょうか。恐るべき情報敗戦ぶりです。あらゆるツテを頼って、せめて生死を確認することぐらいはやってもらいたいと思います。

ヒューミント（ヒューマン・インテリジェンスの略。人やメディアを媒介とした諜報活動のこと）やレーダーとかカメラとか通信などで情報を取る体制を、もっと強化すればいいのです。

いざとなったら、どこの国でもミサイルぐらいは撃つでしょうが、北朝鮮が撃ったときだけアメリカから日本に情報が来ます。北朝鮮の情報を日本はアメリカに頼りきっています。

アメリカは、**最新鋭のミサイル防衛体制を構築して、日本がアメリカから自立できない**

ようにしておこうと思っているはずです。基本的には自国に有利な情報しか流してくれません。ですから、日本は独自の諜報体制を早急に確立する必要があります。日本政府は、そこのところをよく考えるべきです。

真剣に**平和を願うのなら願うほど、外交や軍事インテリジェンスを最重要視すべき**ですし、情報の管理は徹底しすぎるほど徹底すべきです。

青木さんはジャーナリストだからよくわかると思いますが、**たった1日で取れる程度の情報がインテリジェンスと呼ばれるほどのものであるわけがない**のです。情報収集には長い時間がかかるはずです。本物の情報とはそういうものでしょう。

去年4月に北朝鮮のミサイルが発射される日に、取材の電話を受けました。そのとき私は、新幹線で東京から大阪に移動中でした。「日本の被害は大丈夫ですか」と聞くので、私は「絶対に撃たない。保証するから心配するな」と答えたものです。

北朝鮮のミサイルに当たって死ぬ確率は、交通事故の確率の100分の1以下です。当たったときは、よほど運が悪かったということです。

人気者「爆笑問題」が司会をするバラエティ番組に出演したときのことですが、私以外のゲストは「新型インフルエンザは大変だ」「これが広まると大変なことになる」と発言しました。

「いや、絶対広まらない」と言ったのは私1人だけでした。ところが、放映されたものを見たら、私の発言はカットされていました。日本のマスコミの情報操作は、こうやっているのだということを実感しました。

この項で述べた意見も、テレビで発言したら、カットされるかもしれません。

情報・軍事体制を強化しなければ経済戦争にも勝てない

田母神●

拉致された人の家族は、決して口に出して言うことはないけれど、心の片隅では、「今の日本の政治では娘や息子が無事に帰国できるのは困難」と思っているのではないでしょうか。

そういう心情を思いやれば、安倍晋三氏も麻生太郎氏も、「俺が拉致されるから、皆を帰してくれ」と北朝鮮に言うべきでした。その一言で、歴史に残る名首相になれたのです。しかし、彼らは千載一遇のチャンスを逃してしまいました。「殺されてもオイは朝鮮に行く」と叫んだ西郷ドンの胆力が彼らにはなかったのです。

今の時代は、大きな国と国が戦争を始めることはもうないでしょうし、核兵器を使うこともありえません。だからといって、**軍事力を弱体化させていいということにはならない**のです。軍事力が弱いと経済戦争に負けてしまうからです。

大事なのは、軍事力と情報力の増強です。軍事情報とか経済情報を含めた情報収集体制と軍事体制を強化しておかないと、国際的な経済戦争には絶対に勝てません。

安保条約があるからアメリカから情報はもらえると日本人は思っていますが、情報はギブ&テイクが原則です。こちらから与える情報が乏しければ、アメリカから湯水のごとく情報は来ないということを頭に入れておかなければなりません。

前にお話ししたように、アメリカCIAは、1991年に東西冷戦が終わったとき、「これからは経済戦争の時代になるから、CIAの能力の3分の2以上を使うことになるだろう」と言っていました。

ですから、日本のビジネスの無線の中身は「象の檻」（通信傍受施設）ですべて傍受されていると思っていいでしょう。アメリカは同盟国の情報も平気でモニターしています。これが現実なのです。

CIAが作成した「ヴェノナファイル」と呼ばれる報告書がありますが、これはソ連をモニターしたものです。

ある国が同盟国を本当に信用するかしないかを判断するには、そこまでやるしかないのです。日本は第2次世界大戦前に**ソ連と不可侵条約を結んでいたにもかかわらず、ソ連は一方的に条約を破棄して満州に攻め込んできた**という歴史的事実もあります。

そういう痛い目に遭っていても、平和ボケしている日本は同盟国の情報を傍聴するということはまったくしません。やっているのはドラマや小説の中だけです。青木さんが日本の常識は世界の非常識だと言っていましたが、まさにそのとおりなのです。

日本の自衛隊は与えられた状況下でいろいろな情報を収集してはいますが、それらは仮想敵国の領土の奥深く潜入して入手した情報ではありません。

もっとも、日本の領土周辺に関わる情報、とくに軍事情報については、日本も自前でかなりの情報を取る努力はしています。とは言うものの、ヒューミントの体制が弱いために思ったほどの効果を発揮できていないというのが現状なのです。

また機械で収集した情報だけに頼っていては、多くの情報を手に入れることはできません。ヒューミントをもっと強化しなければ、1級の奥深い情報を入手することはできないのです。しかし、ヒューミントは、国土が陸続きのヨーロッパとかアジアの国々と違って、**島国に住む日本人には馴染みが薄く、その重要性が理解しづらい**ところがあります。

このように、情報の乏しさを認識しているので、中国などに進出している日本企業は、国の情報力は当てにしていません。むしろ、**国が商社と企業から情報収集するという状態**です。したがって、外地の日本企業は、いざというとき、国が自分たちを守ってくれるという期待をしないのです。

たとえば、東京都小平市にある陸上自衛隊小平学校を、**スパイを養成した昔の陸軍中野学校**と同じように思っている人がいますが、レベルが違います。

同調査学校の使命には、こうあります。

「防衛及び警備のため必要な情報・語学に関する業務等に必要な知識及び技能を習得させるための教育訓練を行なうとともに、情報関係部隊の運用等に関する調査研究を行なうこと」

教科内容は、戦略情報、作戦情報、地誌、航空写真判読、調査、心理戦防御、英語、ロシア語、中国語、朝鮮語となっています。

昔の陸軍中野学校のようにはいきませんが、アメリカとかロシアとか中国などの情報収集機関が組織的にどうなっていて、どのように機能しているのかとか、尾行するときはどういうやり方をするかとか、暗号はどうだとかいった基本的なことは一応教えます。しかし、これだけでは、必要な情報を得ることはできないでしょう。

中国情報に弱い日本のメーカー企業

青木

中国情報について言えば、総合商社や銀行は一定の水準の情報は持っています。それに対して情報に乏しく、その必要性を感じるセンスに乏しいのはメーカーです。先日の**ホンダの広州工場の中国人労働者のデモについても、会社側にはまったく警戒心はなかった**と言います。

もっとも、メーカーの中でも、新日鐵など、いい情報ネットワークを持っているところもあります。それは、過去に痛い体験をしているからでしょう。

それは、同社が1970年代に上海の宝山《ほうさん》で近代的な鉄工所を建設したときのことでした。中国の資金不足のせいで、散々泣かされたことがありました。以後、これが首脳陣の教訓になっていて、積極的に情報を集めているのです。

さらに最近も、瀋陽のハンミちゃん事件の話でも出てきました中国要人に太いパイプを持つチャイナスクールのドン・阿南惟茂元中国大使を、天下りではありますが、顧問として採用しています。

目的は**環境や省エネプロジェクトのための情報工作**のためだと言われています。数十兆元のプロジェクトですから必死なのでしょう。

メーカーのこうした必死の情報作戦に対して、日本は、国として情報収集の専門家を本気で養成していません。

しかも、日本国民には、そういうものを教えること自体が悪いことだという漠然とした意識があります。そのうえ、今の民主党政権は「お花畑内閣」のようですから、仕方がないのかもしれません。

日米中のミリタリー・バランスがとれてこそ平和の均衡が保たれる

田母神●

私が空幕長だった2年前の話ですが、「陸上自衛隊の東北方面全体が、民間人の情報収集をしている」と言われたことがありました。すると、「待ってました！」とばかりに共産党が喜々としてそれを問題視しました。

当時防衛大臣だった久間章生《きゅうまふみお》氏が「そういうことをやるのは当然」と言ったので何とか鎮静化しましたが、別の人間が大臣だったら、間違いなく「それはけしからん。関係者を調べて処分します」などと言っていたでしょう。

機密保護法とか**スパイ防止法というのは国家公務員である自衛隊員には適用されるけれども、民間人には適用されない**のです。これはおかしな理屈で、ヤクザが海外から麻薬を運んだら犯罪になるが、民間人が運んでも犯罪にならないと言っているようなものです。

日本の考え方は世界の笑いものです。何度も申し上げているように、今の自衛隊は軍としての体をなしていません。軍として機能しなければ、その国は自立できない。日本が文字どおり独立した1つの国になるには、今のような自衛隊ではなく、「国を守れるきちんとした軍隊」が必要不可欠なのです。

高度の情報収集能力と軍事的にハイレベルな攻撃能力を持ち合わせた軍が、国際法できちんと動けるようにしない限り、日本は諸外国から軽視され続けます。

よその国は軍が平時から警備していますから、外国の軍隊やスパイが入ってこようとしても、水際で制止できる体制になっています。それを**無視して強行入国すれば、即攻撃あるいは射殺**ということになります。日本でそういうことが起きたら、たいへんな騒ぎになるでしょう。

日本にはそういうルールもありませんから、拉致などという信じられない事件が起きるのです。拉致事件が垣間見せたのは、社民党や共産党など人権にはうるさいはずの「リベラル派」が、**テロのおろし問屋のような朝鮮労働党と友好的な関係にあるばかりか、党関係も結んでいる**という信じがたい現実でした。

日本人同胞の拉致解決よりも北との国交正常化、つまり金正日との友好を最優先しているという漫画のような事実です。つまり、彼らは人さらいの「同志」なのです。

拉致については、事件のあらましは総理大臣官邸に報告されているはずですが、「ああ、そうか」程度の反応しか示しません。何の指示も出さないのです。このような国は、世界広しといえど、日本だけです。

これも前に話しましたが、日米中のミリタリー・バランスを「三角形」にたとえる言い方で言うなら、日米中の三角関係がきれいな正三角形として均衡を保つには、日本が核武装する必要があります。アメリカも中国も核武装国ですから、日本だけに核がない今の軍事力では、いびつな形の三角形でしかありません。

ところが、核武装と言うとそこで思考が滞ってしまいます。日本には**原発も反対という核アレルギー**がありますから、とりあえずの方策としてアメリカの核兵器を使うという方法もあります。核を共有するという発想「ニュークリア・シェアリング」は、ヨーロッパでは普通に行なわれているやり方です。

広島と長崎の体験があるので、すんなりとはいかないと思いますが、むしろ被爆国だからこそ議論しなければなりません。今のままでは、本当の平和はやってこないのです。

広島市長が訪米して、オバマ大統領に会い、「広島へ来てくれ」と言ったら、「是非行きたい」と答えたと報道されましたが、彼はおそらく来ないでしょう。リップサービスと思わずに、言葉どおりに受け取ってビッグニュースとして取り上げるほうがおかしいのです。

彼が広島に来るには、謝罪をするなどといったたぐいの手土産なしで来られるわけがありません。しかし、もしオバマが謝罪したら、**日本人は満足するかもしれませんが、アメリカ国民は彼を許さない**でしょう。

最悪の場合、オバマは暗殺されます。アメリカは、ケネディの例でわかるように、こうした事件が起こってもおかしくない国なのです。

あとがき

この間まで日本の国防のトップにいた田母神さんの口から語られる日米安保や中国の軍事情勢についての解説、さらに核問題への分析はさすがにリアルで、説得力のあるものでした。

私は田母神氏が国会の委員会に出席した際、**胸にひときわ目立つ北朝鮮に拉致された日本人の奪還を目指すブルーリボン**をつけていたのを目にして以来、彼の中に日本の伝統的な武士《もののふ》を感じていました。それだけに学ぶことの多い対談でした。

日本が中国と関係を樹立して、すでに40年近くが経ちます。

ですが、いっこうに日本の中国に対する国家戦略が見えてきません。そればかりか、中国側の対日情報収集体制の周到さに比較して、日本の中国情報（インテリジェンス）の貧弱さは否めず、今に至るも、「情報敗戦」が続いていると言っても過言ではありません。それが何に起因しているのかを、対談の中で繰り返し、２人で語り合いました。

対談後、いくつかの事件がありました。

まず、中国で、ホンダ、ブラザーなど日本企業の現地工場で大々的な労働争議が発生したことです。労働者のストライキは台湾のパソコン会社である富士康、韓国の自動車会社の現代などにも波及し、外国企業は「デモのない共産中国」で大々的かつ、連続的な賃上げ要求の声に直面したのです。

中国政府は**今後国内30の省と区で最低賃金のアップを決定していることから、これから中国全土で労働者の賃金が大幅に上がる**ことになります。人的コストは高まり、海外から中国に投資している外国企業がこれまでのように「日本の20分の1の賃金」を当然のように甘受する時代は終わりました。

同じ頃、日本の新しい中国大使に総合商社伊藤忠商事の相談役である丹羽宇一郎氏が就任しました。伊藤忠は「中国最強総合商社」（同社HP）と自画自賛していますが、彼らが誇る中国における「人的ネットワークの広さ」（同）とは何でしょうか。それは、同社が改革開放の黎明期に、鄧小平の長男たち幹部の子弟に対して、旺盛な献金を行なっていたことの見返りとして広がったものです。

そうした親の権威を借りたカネにまつわる腐敗構造は天安門事件の引き金になったばかりか、今も共産党の最大の汚点として国民の怒りの標的になっているものなのです。

これまで自民党政権下で中国大使に選ばれてきたのは、外務省のチャイナスクール出身の外務官僚でした。彼らは中国政府とはまともに喧嘩ひとつせず、ODAの削減や首相の靖国神社参拝にも公然と反対しました。そして、退任後はひとりの例外もなく、**大手日本企業の中国ビジネスのアドバイザーに天下りし、膨大な謝礼を手にしている**のです。

これだけでもひどい話なのですが、今回は民主党政権のもとで、「中国最強商社」伊藤忠の元トップがじきじきに大使になるというのです。丹羽氏は「自分の任期中に、中国とFTA（自由貿易協定）の締結を図りたい」と抱負を述べていますが、そうなれば、日本と中国の間の関税障壁は大きく下がり、輸出がGDPの半分を占める中国にとってのメリットは大きくなります。

また、**中国が対日貿易で一番力を入れている農産物や加工品の輸出にさらに拍車がかかる**でしょう。話はこれだけでは終わりません。日本の商社の中で、中国における農産物と食品加工に力を入れていたのが丹羽会長時代の伊藤忠だったというおまけつきです。

新大使の人事を見る限り、日中関係は今後、領土問題や歴史認識といった国家の基本問題には目を閉じたまま、ひたすら経済先行で進んでいくことになりそうです。それは北朝鮮の核の存在に目を閉じ、軍事大国化する中国の地域覇権にノーと言えない勇気なき日本の姿でもあります。なさけないことに、これが現在の日本の姿です。

ではどうするのか。対談で強調したように、**日本には正確でまともな中国情報は極めて少ない**ことをまず認識する必要があります。良質なインテリジェンスがあって初めて、政治も外交もビジネスも存在するからです。この事実を腹の底から何度も確認しない限り、日本の「外交敗戦」は続くでしょう。

最後に、昨年春からこうした状況に風穴を開けたいと会員制の情報誌『ニューズレター・チャイナ』を始めたことを付記しておきます。関心のある方はご連絡ください。

青木直人

2010年9月

〈著者プロフィール〉

田母神俊雄(たもがみ・としお)

1948年、福島県生まれ。67年防衛大学校入学。71年、防衛大学校(第15期)電気工学科卒、航空自衛隊入隊。ナイキ(地対空ミサイル)部隊、航空幕僚監部厚生課長、南西航空混成団司令部幕僚長、第六航空団司令、航空幕僚監部装備部長、総合幕僚学校長、航空総隊司令官を経て、2007年3月航空幕僚長。08年11月定年退官。著書に『座して平和は守れず』(小社刊)などがある。

青木直人(あおき・なおと)

1953年、島根県生まれ。中央大学卒業後、シンクタンクの研究員を務めた後、ジャーナリズムの世界へ。中国・東アジア関連の著作が多数あり、88年、翌年の中ソ首脳会談実現を世界に先駆けて予想して、注目される。毎週、経済産業省高官向けに東アジア諸国の動向分析レポートを執筆していたアナリストでもある。著書に『田中角栄と毛沢東』(講談社)、『北朝鮮処分』(祥伝社)などがある。

ニューズレター・チャイナ配信先　http://aoki.trycomp.com/newsletter.html

どっちがおっかない!?　中国とアメリカ

2010年9月10日　第1刷発行

著　者　田母神俊雄
　　　　青木直人
発行人　見城 徹
編集人　福島広司

GENTOSHA

発行所　株式会社 幻冬舎
　　　　〒151-0051　東京都渋谷区千駄ヶ谷4-9-7

電話　03(5411)6211(編集)
　　　03(5411)6222(営業)
　　　振替00120-8-767643
印刷・製本所:中央精版印刷株式会社

検印廃止

ISBN978-4-344-01881-5　C0095
幻冬舎ホームページアドレス　http://www.gentosha.co.jp/

この本に関するご意見・ご感想をメールでお寄せいただく場合は、
comment@gentosha.co.jpまで。